보통의 질문들

보통의 질문들

삶의 자리에서 하나님을 찾는 이들을 위한

조제욱 지음

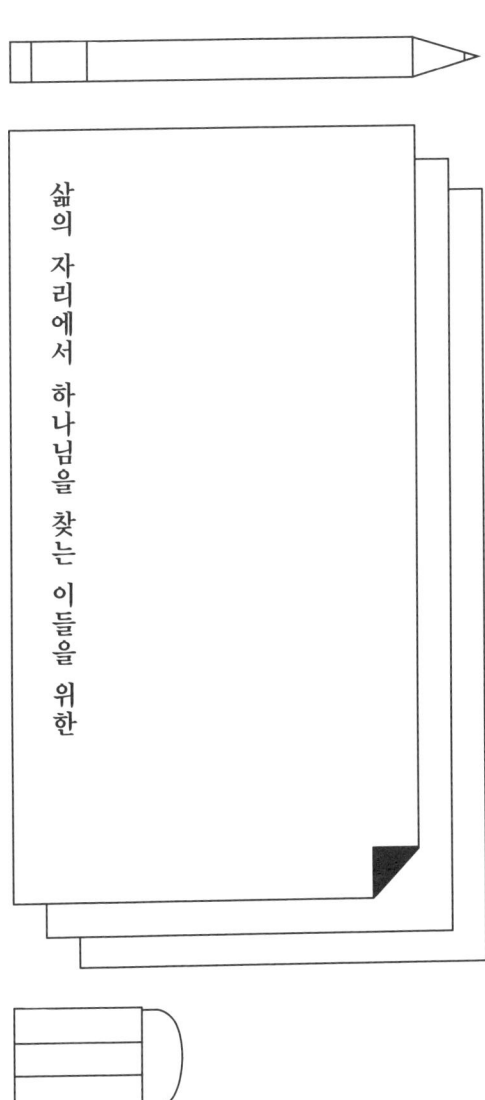

토기장이

젊은 세대들과 어떻게 소통해야 할까에 대한 많은 고민들이 있지만, 실제로 이렇게 소통하면 된다는 모델을 보지 못한 답답함이 있었다. 조재욱 목사님의 글은 독특하고 탁월하다. 복음의 본질을 흐리지 않으면서도 톡톡 튀는 젊은 세대들의 감성을 사로잡는 매력이 흘러넘친다. 팀 켈러는 "복음은 모든 것을 변화시킨다"라고 말했는데, 누군가 "어떻게 복음이 모든 것을 변화시킬 수 있습니까"라고 묻는다면, "이 책을 보라"고 답하고 싶다. 본질적인 복음이 21세기의 옷을 입고 새롭게 태어난 느낌이다.

고상섭(그사랑교회 담임목사, 「팀 켈러를 읽는 중입니다」 저자)

진정한 신앙은 질문들로부터 시작됩니다. '하나님은 누구신지, 나는 누구인지, 하나님이 살아계시다면 나는 어떤 인생을 살아가야 할지, 하나님이 살아계심에도 왜 이런 삶을 허락하셨는지…' 다 이해할 수 없는 내면의 질문들 앞에서 우리는 답을 찾아보고자 이리저리 헤맬 때가 많습니다. 하지만 영혼을 채워 줄 수 있는 유일한 해답은 결국 하나님께 있음을 고백하게 됩니다. 자신의 존재의 아름다움에 대해 의심하며 힘들어하고 있는 분들, 삶의 의미를 찾지 못하고 방황하고 있는 분들, 교회와 공동체를 향한 고민들로 마음이 답답한 분들께 이 책을 추천해 드립니다. 우리 주변에서 나눠질 법한 여러 질문들에 대한 저자의 통찰력 있는 대답들을 읽다 보면, 여전히 함께하시며 위로하시는 하나님의 마음을 발견하며 누리게 될 것입니다.

권복음(충신교회 부목사, 「하나님 성품 태교 동화」 저자)

이 책은 모두 한 번쯤은 마음에 품었을 법한 말들로 가득하다. 누군가에게 털어놓기는 사소한 것 같은데 막상 내 삶에서는 크게 느껴지는 그런 말들이다. 목회의 자리에서 성도들의 마음속에 있는 이 '보통의 질문들'을 접할 때면 어떤 반응을 해야 하는지 고민할 수밖에 없다. 와닿지 않는 뻔한 격려도 안 되고, 그렇다고 거창한 위로나 대안을 내놓을 수도 없기 때문이다. 그러나 이제는 현실적이면서도 따뜻하게 마음속 질문들을 다뤄 주는 이 책을 내밀 수 있게 되었으니 목사로서, 한 사람의 그리스도인으로서 반갑고 고마운 책이다.

김병삼(만나교회 담임목사, 「텅 빈 경건」 저자)

책을 읽으면서 그동안 고구마같이 막혀 있던 속 어딘가가 뻥 뚫리는 느낌을 받았다. 사이다. 그래, 이 책은 사이다와 같은 속 시원함을 안겨 주었다. 하지만 그것만 있지는 않았다. 때론 거침없이 뼈를 때리며 뜨끔하게 만들었고, 때론 마음에 위로를 주며 가슴을 뭉클하게 만들었다. 찬양을 부르며 가사를 묵상했을 때와는 또 다른 감정이었다. 이 책을 통해 많은 사람들이 나와 비슷한 경험을 할 거라 생각한다. 이 책은 우리의 수많은 고민에 대해 하나님 안에서 답을 발견할 수 있도록 돕는다. 이 책을 통해 신앙과 삶이 결코 분리되어 있지 않고 하나님 안에서 연결되어 있다는 것을 분명하게 알게 될 것이다.

김상진, 김지민 부부(찬양사역자, 유튜브 채널 '달빛마을TV' 운영자)

짧은 호흡, 훈훈한 온도의 글, 인스타그램에 올리고 싶은 감동적인 내용으로 가득 찬 책이다. 「보통의 질문들」이라는 제목처럼 그야말로 어떤 책이나 SNS에서 많이 봤던 보통의 주제들이지만 이런 모두의, 보통의 질문에, 저자는 자신이 답을 주는 것이 아닌 자연스럽게 '답이신 하나님'을 연결시킨다. 모든 문제의 답은 하나님이라는 다소 불친절한 명제를 친절하게 풀어주고 있기에 읽어 내려가면서 좋은 기분이 든다. 코로나로 인한 값싼 위로들의 종식이 반가운 이 시점에, 이 책이 더 반가운 진짜 위로가 되어 주길 기대해 본다.

김정주(전도사, 「안녕, 기독교」 저자)

위라클 채널을 통해 다양한 사람들이 자신들이 처한 상황, 감정, 생각을 글로 담아 내게 보내온다. 가벼운 고민거리부터 도저히 풀기 어려워 보이는 고민들을 읽고 있노라면 가슴이 답답해지면서, 이내 어떤 하나의 공통점을 발견하게 된다. 사람들은 어떻게든 세상 속에서 그 해답을 찾으려 한다는 것이다.

6년 전, 전신마비 진단을 받고 휠체어 생활을 하고 있는 나는, 지금 나의 상황을 '문제'라고 여기지 않았다. 하나님이 내 인생을 가장 선한 길로 인도하신다는 것을 신뢰하려고 노력하다 보니, 전신마비 환자가 된 나의 상황이 내 삶 속에 하나의 '사건'이라 여겨졌다. 나는 비록 마비가 된 나의 몸을 완전히 회복하지 못했지만 행복한 삶을 살고 있다. 왜냐하면 이 '사건'을 통해 이전에는 알지 못했던 삶의 진정한 가치와 행복을 느낄 수 있게 되었고, 사랑하며 사는 방법을 깨닫게 되었기 때문이다.

이 책은 이 시대를 살고 있는 사람들의 고난을 하나님의 관점과 지혜로 바라볼 수 있는 시각을 선사한다. 인생에서 해결하고 싶은 문제들이 있다면 이 책을 읽어 보기를 추천한다. 우리의 삶의 방향과 해답은 오직 하나님 한 분만이 제시하실 수 있기 때문이다.

박위(유튜브 채널 '위라클' 크리에이터)

유명 인스타그램 작가인 조 목사님이 그곳을 터전으로 소통하던 방식 그대로 이번에는 지면을 빌려 독자들과 소통하고 있는 듯한 느낌이다. 그렇게 내가 하고 싶은 얘기가 아니라, 젊은 크리스천들이 품고 있는 감상들로부터 글감을 잡고 써 내려가기에 한 편 한 편이 상쾌하다. 또한 글감만이 아니라 글 자체가 너무 담백하다. 그래서 이내 배불러지고 에너지가 생기는 듯한데, 전혀 더부룩하지 않다. 군더더기 없이 깔끔한 것이다. 그리고 모든 글을 복음과 늘 연계하는데, 전혀 인위적이지 않고 마음에 울림을 준다. 노회한 설교자의 설교문에서만 보일 법한 영특한 글솜씨다. 무엇보다 가르치는 자의 훈화가 아니라, 동행하는 자의 속삭임 같다. 분명 당신의 영혼을 상쾌하게 하리라.

손성찬(이음숲교회 담임목사, 「일상의 유혹」 저자)

하나님에 관해 물음이 많던 뮤지컬 〈영웅〉 예배 팀원들을 위해 조재욱 목사님이 극장으로 찾아와 주신 적이 있는데, 그때 함께 예배드리며 은혜를 받았던 기억이 납니다. 저희가 목사님을 통해 또 목사님의 SNS를 통해 회복이 되었듯이 「보통의 질문들」을 통해 상처받은 영혼이 치유되고 하나님과의 첫사랑을 회복하는 귀한 계기가 될 것을 확신하며 이 책을 추천합니다.

양준모(뮤지컬 배우)

이 책은 일상에 찾아오는 시시콜콜하고 사소한 주제에도 쉽게 영혼앓이를 하는 청년들에게 길잡이가 되어 줄 수 있습니다. 신앙의 주제를 일상에 대입하고 관념적 영성을 구체적 문제 해결 능력으로 전환하고 싶은 청년들이 함께 질문하고 함께 고민하고 함께 답할 수 있는 책입니다. 이 책은 '성경이 이것까지 답해?', '목사가 이것까지 말해?'라고 생각하는 우리의 신앙에 재질문합니다. 일상의 구체성에 답하지 못하는 무력한 신앙에 도전하는 이 책을 통해, 일상에 침투하는 영성으로 여러분의 매일에, 삶의 현장에, 영혼 중심에 하나님 나라가 굳건히 세워지기를 소망합니다.

원유경(온누리교회 SNS청년부 담당목사)

영혼을 돕는 사람들은 동시대인들의 마음을 읽을 필요가 있다. 그리고 마음의 우상, 갈망, 절망 등을 읽어내어 복음의 치료약을 내밀 때, 영혼이 살아난다. 그러한 의미에서 이 책은 모든 글에서 우리의 마음을 읽어내는 통찰이 있고, 그에 따른 복음적 해결책을 내미는 탁월한 목회적 저술이다. 솔직히 말하자면, 내가 50분 동안 설교하며 낑낑대며 전하려는 메시지를 짧은 글 안에서 은혜롭게 풀어내는 저자의 실력에 놀라움과 절망을 느낄 정도다. 말 그대로 모든 글의 모든 부분에서 배울 점이 있다. 강력하게 일독을 추천한다.

이정규(시광교회 담임목사, 「야근하는 당신에게」 저자)

서문

예전에 '가슴 뛰는 직업을 어떻게 찾을 수 있을까?'라는 주제로 진행되는 세미나를 들으러 간 적이 있다. 한 극장의 좌석 전체를 빌려 진행되는 세미나에 20-30대의 청년들이 가득 차 있는 모습에 꽤나 놀랐다. 그 단체에서는 다른 주제로도 세미나가 진행되었는데 일, 자존감, 사랑, 인간관계가 주 주제였다. 매 주제의 세미나마다 항상 만석이었다. 그 모습을 보며 '많은 사람들이 인생을 살아가면서 수많은 혼란과 어려움 속에 도움을 찾고 있구나'라는 생각과 함께 한 가지 생각이 더 떠올랐다.

'이런 이야기들을 가장 잘 할 수 있고 진짜 답을 알려 줄 수 있는 곳이야말로 교회인데, 어느새 그 일을 세상이 하고 있구나.'

세미나의 내용들도 나에겐 전혀 속 시원하지 않았다. 해결책이라고 해봤자 어떻게 해서든 내가 조금이라도 더 편하게 살기 위한 방법만을 나열할 뿐이었다. 결국 나를 위해 누군가는 피해를 볼 수밖에 없었지만 그런 건 중요하지 않았다.

사람들은 모두 각자의 고민과 어려움을 경험하며 살아간다. 그 누구도 여기서 자유로울 수 없다. 일, 자존감, 사랑, 인간관계 무엇 하나 쉬운 것이 없고 모두 조금씩 어딘가 어긋나 있다. 그래서 사람들은 누군가에게 자신들이 경험하는 문제에 대해 묻고 그에 대한 답을 찾기 원한다. 나 또한 그래 왔다. 하지만 하나님을 더욱 알아 가면서 나는 이 모든 문제들에 진정한 해답을 줄 수 있는 분이 결국 하나님이라는 것을 깨달았다. 동시에 삶의 수많은 갈등을 하나님의 방식이 아닌 세상의 방식으로 해결하려 할 때 오히려 더 많은 문제가 생긴다는 것도 알게 되었다.

많은 사람들이 교회는 열심히 다니지만 믿음과 구원은 죽고 난 이후의 이야기일 뿐 정작 현재의 삶과는 아무 상관이 없다고 생각한다. 성경은 세상 물정 모르는 현실감 없는 이야기로 들릴 뿐이다. 그래서 갈등과 어려움의 해결책을 찾아 세상에 귀를 기울이며 세상의 방식을 택한다. 그렇게 해서라도 잘 살면 다행이지만 세상에서 말하는 방식으로는 결국 한계만 더욱 드러날 뿐 해결은 불가능하다.

책의 출발점이 되어 준 인스타그램 〈물음에 답하다〉는 그런 마음에서 시작되었다. 하나님과 믿음에 관한 이야기는 죽고 난 이후에만 해당되는 것이 아니라 지금도 우리 삶에 가장 중요한 영향을 미치고, 우리가 직면한 현실의 문제와 갈등에 분명한 답을 준다는 걸 말하고 싶었다. 그래서 사람들이 가질 수 있는 주제들에 대한 물음을 던지고 그에 답하는 형식으로 글을 올리기 시작했고 감사하게 많은 사랑을 받을 수 있었다.

하지만 이 책은 단순하게 SNS 글을 모은 것이 아니다. SNS 한계 상 차마 다 이야기하지 못했던 부분들을 너무 무겁지 않으면서도 충분히 고민하고 생각할 수 있도록 풀어나갔다. 이 책이 여러 문제들에 완전한 해결책을 준다고 할 수는 없지만, 적어도 지금껏 시시콜콜한 이야기처럼 들렸던 성경의 이야기가 그 무엇보다 설득력 있고 의미 있는 길이라는 걸 말해 줄 수는 있을 것이다.

부디 이 책이 세상의 수많은 질문 속에서 진짜 답이 어디 있는지를 가리키는 작은 안내서가 되기를 소망한다.

조재욱

차례

추천의 글
서문

PART 1
보통의 질문들: 감정

016	나 좀 사랑해 주세요
020	내 인생 완전 망했네
024	아, 외롭다
028	혼자 위로하지 않아도 돼
032	지긋지긋한 자존감 이제 그만 포기할래요
036	세상에는 잘난 사람이 너무 많아, 나만 빼고
040	인정받고 싶었어
044	제발 날 거절하지 말아 주세요
048	당신의 사랑이 실패하는 이유
052	사랑하고 싶다는 거짓말

PART 2
보통의 질문들: 인생

058 노력하지 마, 어차피 안 돼
062 재능 따윈 없다는 거짓말
066 넌 주인공이 아니야
070 부족함 없이 살고 싶어요
074 무시당하며 살기 싫었어
078 이별 없이 사랑할 순 없나요?
082 나는 '외모지상주의자'였다
086 그날 선배가 연 것은 지갑이 아니라 내 인생이었다
090 인생의 막막함 가운데 하나님의 도움을 찾고 있다면
094 반전 따윈 없어

PART 3
보통의 질문들: 성공

100 오늘도 난 아무 의미 없는 일을 한다
104 그럴 거면 왜 일하니?
108 내 동생은 일용직 노동자입니다
112 평생 놀고먹으며 살았으면 좋겠네
116 잘 살고 싶니?
120 그게 방황이지 여행이니?
124 이렇게 힘든데 왜 살아야 해?
128 성공해 봤자, 하나님은 관심 없을걸
132 바보같이 살지 마
136 제발 생각 좀 하고 살자

PART 4
보통의 질문들: 관계

142	당신 인생은 문제투성이다
146	억울하다, 억울해
150	너의 목소리를 보여 주지 마
154	나와 맞는 사람이 세상에 어딨니?
158	죽어도 화해하긴 싫어요
162	이웃 사랑, 도대체 어떻게 하라는 거야?
166	원수까지 사랑하란 말은 말아 주세요
170	저런 인간과 내가 하나라고?
174	교회 다니는 사람들은 모두 가식 덩어리야
178	당신이 교회 공동체에 실망하는 이유

PART 5
보통의 질문들: 믿음

184	세상이 왜 이래?
188	흔들리지 않는 믿음을 가지고 싶다면
192	수고하고 무거운 짐을 지고 살아가는 이들에게
196	나를 향한 하나님의 뜻은 도대체 무엇일까?
200	사랑하고 싶지만 사랑할 수 없는 당신
204	지혜는 소스통 뚜껑과 같다
208	하나님 믿으며 사는 건 너무 힘들어
212	순종하기 너무 어려워
216	하나님이 나에게 해준 게 뭔데?
220	하나님 영광은 그렇게 초라하지 않아

PART 1 보통의 질문들: 감정

나 좀
사랑해 주
세요

"하나님이 정말 나를 사랑하시는지 모르겠어요. 하나도 느껴지지 않아요."

하나님이 나를 사랑하신다는 사실을 처음으로 알았을 때 벅찬 감동을 느꼈다. 그리고 한동안 그 사랑에 빠져 살았다. 심지어 혼자 밥을 먹다가도 하나님의 사랑에 감격해 눈물을 흘리기도 했다. 그런데 시간이 지나면서 점점 사랑이 예전만큼 느껴지지 않았다. 그러자 초조함이 찾아왔다.

'왜 하나님의 사랑이 예전만큼 느껴지지 않지? 내 사랑이 식었나? 다시 그 뜨거운 감격을 경험하고 싶은데, 어떻게 해야 하지?'

그렇게 하나님의 사랑은 점점 강박증으로 바뀌어 갔다. 그리고 마치 그때의 나처럼 많은 사람들이 하나님의 사랑을 감정과 느낌으로 생각한다.

우리는 분명 엄마 아빠를 사랑한다고 고백한다. 엄마 아빠가 나를 사랑한다는 것도 확실히 안다. 하지만 생각해 보자. 이 사랑이 엄마 아빠를 생각할 때마다 가슴이 뭉클해지고 뜨거운 눈물이 흐르는 그런 사랑인가? 엄마 아빠가 나를 사랑하는 이유가 나를 볼 때마다 눈물을 글썽이고 감정이 복받치기 때문인가?

그렇지 않다.

엄마 아빠의 사랑이 느껴지지 않는다고 "사랑이 식었어"라고 말하는 사람은 없다. 우리는 이미 사랑이 감정만은 아니라는 걸 알고 있다. 진짜 사랑은 뜨거운 감정을 넘어 서로를 향한 깊은 인격적 관계와 신뢰에서 나온다.

하나님께서 우리와 나누기 원하시는 사랑이 이런 사랑이다. 하나님은 이리저리 요동치는 감정을 넘어 인격적 관계와 신뢰가 쌓인 깊은 사랑을 하기 원하신다.

이런 사랑이 어떻게 가능할까?

나를 향한 하나님의 사랑이 얼마나 크고, 견고하며, 흔들리지 않는 무조건적인 사랑인지를 알 때 우리는 그 사랑에 반응한다. 이 반응은 점점 뜨거운 감정을 넘어서 하나님을 향한 깊은 신뢰로 나아간다. 그렇게 우리는 한결같은 하나님의 사랑 속에서 깊은 인격적 관계와 신뢰가 쌓이는 견고한 사랑을 나눈다.

> 그러니 하나님의 사랑을 의심하지 말자.
> 지금도 우리는 차고 넘치게 사랑받고 있다.

내 인생
완전
망했네

한밤중 불 꺼진 방에 홀로 앉은 나는 푸념하듯 말했다.

"하나님, 제 인생은 완전 망했어요."

다행히 아직까지 내 인생은 망하지 않았다. 심지어 아주 잘 살고 있는 중이다. 하지만 당시에 난 정말 인생이 망했다고 생각했다. 내 삶의 의미와 가치는 바닥을 뚫고 지하까지 내려가 있었다.

사람들은 나의 의미와 가치를 내가 결정할 수 있다고 생각한다. 그러나 의미와 가치가 내 선택에 따라 결정된다면 시소처럼 수없이 위, 아래로 흔들릴 것이다. 인생 완전히 망했다고 생각했던 그날 밤의 나처럼.

내 의미와 가치를 다른 사람이 결정하는 것도 아니다. 무명 시절 유재석을 유독 무시하고 업신여겼던 피디가 있었다고 한다. 당시 그는 유재석의 가치를 아주 보잘것없이 여기고 있었다. 하지만 그의 판단은 틀렸다. 그것도 아주 크게.

〈전당포 사나이들〉이라는 프로그램은 물건을 팔러 온 사람들과 가치를 두고 흥정하는 이야기를 다룬다. 물건을 팔러 온 사람들 중 어떤 이는 가치를 과대평가하고, 어떤 이는 과소평가한다. 하지만 그들이 어떻게 평가하든 그것은 중요하지 않다. 물건의 의미와 가치를 매기는 것은 결국 그것을 가장 잘 아는 전문가의 몫이다.

나의 의미와 가치도 마찬가지다. 자신을 너무 과대평가하여 자만에 빠지는 사람도 있고, 너무 과소평가하여 좌절에 빠지는 사람도 있다. 하지만 내가 나에 대해 어떻게 평가하든 그것은 중요하지 않다. 우리는 내 인생에도, 남의 인생에도 전문가가 아니다. 인생의 전문가는 바로 우리를 만드신 하나님이다.

내 인생의 의미와 가치는 인생 전문가이신 하나님의 평가로 결정된다. 우리를 향한 하나님의 평가는 상상 그 이상이다. 창조주이신 하나님은 우리를 위해 자신의 목숨조차 아끼지 않으셨다. 그분은 자신이 줄 수 있는 가장 최고의 가치를 매기셨다.

한참 시간이 흐른 후 난 깨달았다. 한밤중 "내 인생은 망했어요"라고 푸념하던 내게 하나님이 말씀하고 계셨다는 걸.

> "아니, 넌 그 누구보다 귀하고 소중한 인생이야.
> 네 인생은 결코 망하지 않았어."

다큐멘터리, 한

"아, 외롭다."

우리는 이상하게 외로움에서 쉽게 벗어나지 못한다. 외로움에서 벗어나기 위해 사람들을 만나고, 사랑을 하고, 결혼을 해도 사라지기는커녕 문득문득 우리의 마음 한쪽을 시리게 한다. 하나님은 어디에나 존재하시고, 내 마음도 잘 아신다고 하니 하나님을 믿으면 좀 나아질 줄 알았는데 현실은 그렇지 않다. 하나님을 믿어도 여전히 외로움은 찾아온다.

역시 외로움은 감히 하나님도 해결하실 수 없는 불가능한 문제일까?

외로움은 내가 주목받고 싶은 감정이다. 주목받고 싶지만 아무도 나를 주목해 주지 않는다고 느낄 때 우리는 외로움을 느낀다. 군중 속 외로움의 정체가 여기에 있다. 아무리 많은 사람들을 만나고, 사랑을 하고, 결혼을 해도 내가 주목받지 못한다고 느낄 때 우리는 외롭다.

탄생의 신비를 경험한 이들은 한결같이 말한다. 오랜 시간 동안 산통을 겪으며 힘들어하다가도 막상 태어난 아이를 안으면 그 순간 모든 것이 잊혀진다고. 그 자리에는 죽을 것 같은 고통도, 혼자 싸워야 하는 지독한 외로움도 들어올 틈이 없다. 새로 태어난 생명과 처음 만나는 가슴 벅찬 순간만이 존재할 뿐이다. 놀랍게도 그곳의 모든 주목은 내가 아니라 사랑하는 아이에게 있다.

외로움의 해결책은 내가 아니라 다른 것을 주목하는 것에 있다. 하지만 불완전한 것들에 주목하는 것은 한계가 있다. 우리가 처음 무엇인가를 주목했을 때 느끼던 감탄과 환희의 순간이 오래가지 못하는 이유가 여기에 있다. 세상에서 우리가 주목하려고 하는 것들은 언젠가는 익숙해지고 시들어지기 마련이다.

하지만 하나님은 다르다. 그분은 주목하면 할수록 우리를 더욱 놀라게 한다. 하나님은 우리의 상상을 뛰어넘는 분이라 그분을 주목할 때마다 우리는 매번 새로운 것들을 발견하고 감탄한다. 완전하신 하나님을 바라보는 그곳에는 외로움이 끼어들 틈이 존재하지 않는다.

> 영원히 사라지지 않을 것 같은 외로움에서 벗어나는 길은 다른 데 있지 않다.
>
> 영원히 사라지지 않는 하나님께 주목할 때 외로움은 사라진다.

혼자
위로하지
않아도 돼

팔을 뻗어 스트레칭을 하다가
엑스자로 교차시켜 내가 나를 안아 주었다.
양팔이 날개 뼈에 닿았다.
날개 뼈를 토닥이며 말했다.
수고했어, 오늘도.
내일은 더 좋은 날이 될 거야.
괜찮아.

에세이 속 문장을 보며 슬픔을 느꼈다. 나를 위로해 줄 이가 없어 스스로를 안고 위로하고 있을 사람들을 향한 슬픔이었다. 나도 그런 적이 있었다. 하지만 스스로를 향한 위로는 그리 오래가지 않았다.

혼자서 자신을 위로하는 내 모습이 초라했고, 외로운 내가 나를 위로해 봤자 결국 초라한 위로밖에 되지 않았다. 무엇보다 온전히 나를 위로해 줄 사람이 없어서 나라도 위로해 주지 않으면 안 된다는 현실이 나를 더욱 슬프게 했다.

누군가는 그것으로도 충분히 괜찮다고 말할지 모른다. 하지만 어쩌면 정말 괜찮은 것이 아니라 그것밖에 없기 때문에 괜찮아야 하는 건 아닐까?

더 이상 나는 혼자서 위로하지 않는다. 이젠 나를 온전히 위로해 줄 하나님이 계시니까. 그리고 이 위로는 두 팔로 나를 안는 것과는 다르다.

여전히 그 누구도 나를 위로해 주지 않는 것처럼 느껴질 때가 있다. 난 그때마다 십자가를 생각한다. 예수님의 구멍 난 손과 발을 생각한다. 비록 누군가 날 안아 주는 것 같은 생생함은 없어도 십자가를 생각하면 나를 향한 하나님의 사랑이 선명하게 떠오른다.

"그래, 내가 이런 사랑을 받았지. 아무리 혼자인 것 같아도 난 결코 혼자가 아니지. 나에겐 예수님의 사랑이 담긴 구멍 난 손이 있지."

이 사랑이 있다면 우리는 방구석 한쪽에서
자신을 안으며 토닥이지 않아도 된다.

내가 나에게 줄 수 있는 위로보다
더 놀라운 사랑으로 우리를 위로하고 안아 주는
십자가 흔적 담긴 예수님의 손과
따스한 팔이 있으니까.

지긋지긋한 자존감
이제 그만 포기할래요

세상에서 가장 쉬워 보이지만 어려운 게 있다면 나를 존중하는 게 아닐까? 사람들은 자신을 존중해야 한다는 당연한 사실은 알고 있지만 정작 자신을 존중하고 사랑하지는 못한다.

자존감은 왜 이렇게 어려운 걸까?

자존감을 얻기 위해 사람들은 나를 빛나게 해줄 무엇인가를 찾아 여기저기 기웃거린다. 하지만 잠시 나를 빛나게 해줄 것만 같았던 것들은 얼마 지나지 않아 빛을 잃는다. 그리고 그 짧은 반짝임 이후 우리에게는 또 다른 초라함이 찾아온다.

이런 우리를 향해 세상은 "너 자신을 그냥 있는 그대로 존중하고 사랑해 줘"라고 말하지만 그게 쉬웠으면 이렇게까지 고민하지도 않았을 것이다. 그렇게 우리는 다시 제자리로 돌아온다.

자존감은 나의 존재를 어디에 두는가에 대한 문제다. 우리에게는 나의 존재를 견고하게 세워 줄 무엇인가가 필요하다. 하지만 그 무엇도 나의 존재를 완전히 세울 수 있을 만큼 완벽하지 않다. 머리로는 알지만 내가 나를 존중하기 어려운 이유가 여기에 있다. 우리는 나를 온전히 지탱하고 세울 만큼 완전하지 않다.

에덴동산에 살던 아담과 하와도 자존감 때문에 힘들었을까? 아마 그들은 자존감이 무엇인지 고민할 필요도 없었을 것이다. 하나님 안에서 나의 존재 가치가 너무나 확고하고 견고했을 테니까. 하지만 하나님 없이 내가 나의 존재가치를 찾으려 하는 순간 자존감이라는 문제는 찾아오기 시작했다.

하나님을 떠난 인간은 스스로 자신의 가치를 증명해야만 했고, 여기저기 기웃거리며 나를 존중하는 법을 찾아 헤매기 시작했다. 아이러니하게도 내가 나를 존중하려 하는 순간 자존감이 사라졌다. 자존감의 문제에서 벗어날 수 있는 유일한 해결책은 나에게 있지 않다. 자존감을 회복하고 싶다면 다시 처음으로 돌아가야 한다.

<u>나의 자존감을 하나님 앞에 내려놓고,</u>
<u>나를 존중하는 것이 아니라 하나님을 존중하는 것.</u>

<u>자존감은 거기서 회복된다.</u>

세상에는 잘난 사람이 너무 많아,
나만 빼고

인스타그램의 네모난 정사각형 속 사람들을 보고 있으면 모두 부러운 것투성이다. 무엇 하나 모난 것 없이 어쩜 그리 다들 멋있고, 예쁘고, 몸매도 좋으며, 화려한지…. 나만 빼고 모두가 행복해 보인다. 그렇게 우리는 작은 정사각형 속에 담겨 있는 사람들의 모습을 보며 그 바깥에 있는 나의 삶을 부정한다.

하지만 우리가 발을 딛고 살아가는 현실은 인스타그램 속 작은 정사각형이 아니다. 네모반듯한 정사각형과 같은 인생은 없다. 오히려 우리 인생은 삐뚤빼뚤하고 모양도 색도 다양한 퍼즐과 같다. 제각기 다른 모양의 퍼즐 조각을 보면서 이건 실패한 조각이라고 말하는 사람은 없다. 퍼즐은 단지 다양하고 다채로운 것일 뿐 틀리거나 못난 게 아니다.

인생도 마찬가지다. 각자의 모양이 다를 뿐 남들과 다르다고 해서 실패하거나 틀린 인생은 아니다.

너무 다양한 모습을 가진 인생이기에 우리는 때로 방황한다. 어디에 있어야 할지, 어디로 가야 할지 인생은 헷갈리는 것투성이다. 세상은 "스스로 인생을 개척하라"고 하지만 내 인생이 어떤 모양인지 정확히 알지도 못하는 우리에게 이 말은 막막함만을 안겨 줄 뿐이다.

인생이 네모반듯한 정사각형이 아니라 퍼즐이라면 우리에게는 조각을 모아 완성시켜 줄 누군가가 필요하다. 내 인생의 조각이 어디에 있어야 하는지를 가장 잘 아는 누군가의 손길을 통해 막막했던 나의 삶은 작품이 되어 간다.

하나님은 지금 이 순간에도 퍼즐같이 다양한 인생을 통해 놀라운 작품을 만들어 가시는 예술가다. 하나님이 창조하신 자연 만물 속에서 우리는 그분이 얼마나 뛰어난 예술가인지를 본다. 그 누구보다 탁월한 예술가이신 하나님은 인스타그램처럼 네모반듯한 정사각형 인생을 통해서만 작품을 만드시지 않는다. 그런 작품은 너무 뻔하다. 하나님께서 만들어 가시는 작품은 삐뚤빼뚤한 각양각색의 퍼즐 같은 인생을 통해 완성될 하나님 나라다.

지금 조각의 한 부분으로 있을 때는 모든 것을 다 알 수 없다. 당장은 실패한 것 같고 보잘것없는 인생처럼 느껴지기도 한다. 하지만 하나님의 손길 안에서 우리는 완성을 향해 나아가는 과정일 뿐이다. 그리고 언젠간 반드시 내가 얼마나 뛰어나고 놀라운 작품의 한 부분이었는지를 알게 될 날이 올 것이다.

> 눈에 보이는 정사각형 같은 환상에 속아
> 자책하고 있지 말자.

> 우리에게는 지금 이 순간에도
> 다양한 모양의 인생을 통해
> 놀라운 작품을 만들어 가시는
> 하나님이 계시니까.

인정받고 싶었어

이효리는 땀을 뻘뻘 흘리며 보이지도 않는 의자 밑부분을 열심히 다듬던 남편에게 말했다.

"그거 어차피 보이지도 않잖아. 누가 보는 것도 아닌데 왜 그렇게 열심히 하고 있어?"

"내가 알잖아."

사람들의 시선과 인정을 신경 쓰며 사는 우리에게 "내가 알잖아"라는 말은 큰 울림으로 다가온다. '다른 사람이 좀 몰라주면 어때? 누군가에게 보여 주기 위해 살아야만 하나? 내가 알면 그걸로 충분하지.'

하지만 그것만으로는 충분하지 않다. 아무도 모르는 의자 밑을 열심히 갈고 있던 그의 수고는 아내가 알아줄 때 더욱 빛났다. 우리는 모두 누군가에게 인정받고 싶어 한다. "아무도 몰라도 괜찮아. 내가 알면 되지"라는 말도 결국은 자신에게라도 인정받고 싶다는 뜻이다. 그래서일까. 아무도 알아주지 않아도 괜찮을 수는 있지만, 한 사람이라도 알아봐 주고 인정해 줄 때 우리는 기뻐한다.

그러나 인정을 추구하는 삶은 우리를 지치게 만든다. 인정받고 싶은 우리의 욕구는 끝이 없다. 인정받았다는 사실은 더 인정받고 싶다는 갈망을 안긴다. 인정받기는 쉬운가? 다른 사람에게 인정받기 위해서는 수많은 노력과 자기희생이 필요하다. 결국 인정의 끝에서 우리는 아무리 노력해도 있는 그대로 나를 인정해 줄 사람이 없다는 사실에 좌절한다.

내가 나를 인정하는 것도 쉽지 않다. 나를 인정하려 할수록 우리는 불만족스러운 자신을 발견한다. '조금만 더, 이것만 더, 왜 나는…'이라는 생각에 우리는 나에게도 인정받기 힘들다.

'하나님이 연약하고 부족한 우리를 구원하시기 위해 자신의 목숨을 희생하셨다'는 이야기는 우리가 그토록 추구하는 인정에 대한 이야기다. 하나님은 우리를 있는 그대로 포용하고 받아 주셨다. 그 누구도 알아주지 않던 우리를 하나님은 자신의 중심에 두셨다.

하나님의 인정은 우리에게 노력을 요구하지 않는다. 우리는 하나님께 인정받기 위해 노력할 필요가 없다. 우리가 그토록 원하는 완전한 인정을 하나님이 주셨다. 하지만 하나님의 인정을 누리기 위해서는 한 가지가 필요하다. 내가 인정받을 만한 가치가 없는 존재였다는 사실을 인정하는 것이다.

> 인정받아야 한다는 갈망에서 벗어나
> 나를 인정하신 하나님 아래로 들어갈 때,
>
> 우리는 완전한 인정을 누린다.

제발 날

거절하지

말아 주세요

거절을 좋아할 사람은 아무도 없다. 거절은 존재가 거부당하는 듯한 상실감과, 모든 것이 부정당하는 듯한 좌절감을 안겨 준다. '안타깝게도 귀하는 이번에… 어쩌고저쩌고…' 아무리 좋은 말로 포장해도 거절은 그냥 거절일 뿐이다. 그래서 사람들은 거절당하지 않기 위해 끊임없이 발버둥 친다.

이런 모습은 눈에 보이는 물질과 성공을 추구하는 현대 사회에서 더욱 심하게 나타난다. 사람들에게 거절감은 단순히 사랑하는 연인과 이별하거나, 원하는 학교에 들어가지 못하거나, 취업에 실패하는 것 이상이다. 나에게는 없는 무언가를 다른 사람이 가지고 있는 것을 볼 때도 우리는 거절감을 느낀다. SNS에 넘쳐나는 화려한 삶과, 티비에 나오는 연예인들의 으리으리한 집들을 보고 있으면 내 인생은 어딘가 잘못되어 있다는 거절감이 더욱 크게 느껴진다.

그 어떤 부족함도 없이 거절 따위 모를 것 같은 사람도 거절감의 두려움에서 자유롭지 않다. 많은 것을 가지고 있으면 "하나 정도 없어도 뭐 어때?"라고 할 것 같지만 그렇지 않다. 오히려 많은 것을 가질수록 하나만 잃어도 모든 것을 잃은 것 같은 거절감과 상실감을 경험한다. 많이 가지고 있기에 하나만 없어도 그 빈자리가 더욱 크게 느껴진다.

하나님을 믿는 사람들도 거절의 두려움을 피할 수는 없다. 세상과는 달라도 너무 다른 삶을 살라는 예수님의 말씀은 우리에게 거절감을 안겨 준다. 그래서 하나님을 믿으며 세상을 살다 보면 더욱 거센 거절을 경험한다. 그러나 하나님을 믿는 사람들이 세상에서 경험하는 거절은 결코 이상하거나 잘못된 게 아니다.

예수님도 세상에서 수없이 많은 거절을 당하셨다. 심지어 예수님의 가족도 예수님을 거절했다. 예수님을 향한 거절은 결국 예수님을 십자가에 못 박아 죽게 만들었다. 십자가는 거절의 절정이었다.

그런데 십자가의 거절을 통해 놀라운 일이 일어났다. 예수님이 십자가에서 거절 받으심으로 우리는 하나님께 용서와 구원을 받았다. 예수님이 당하신 십자가의 거절은 우리가 하나님의 자녀가 되었다는 역설이 되었다.

<u>이 사실을 믿는 사람들에게 거절은
더 이상 두려움의 대상이 아니다.</u>

<u>우리에게는 죽기까지 거절당하면서
나를 받아 주신 하나님이 있다.</u>

당신의 사랑이

실패하는 이유

누군가를 사랑하는 감정이 싹트고, 그 사람과 잘되고 싶다는 간절함이 생길 때 우리는 하나님께 기도한다.

"하나님, 저 사람을 제 짝으로 주신다면 하나님이 원하시는 예쁜 사랑을 할게요."

하지만 짝사랑이 서로 사랑하는 감정으로 바뀌고 막상 연애가 시작되면 우리의 고백은 달라진다. 하나님이 원하시는 사랑은 나를 불편하게 하고, 현실에서는 불가능한 동화 속 이야기처럼 느껴진다. 그렇게 하나님 안에서 예쁜 사랑을 하겠다는 우리의 기도는 어느새 내가 편한, 나를 위한 사랑으로 바뀐다.

"하나님, 더 이상 제 연애에 간섭하지 말아 주세요. 제가 알아서 잘 할게요. 왜 꼭 그렇게 해야 하죠? 제가 원하는 사랑은 이런 거예요. 이게 제 사랑법이라고요."

처음에는 하나님 없이 내가 원하는 대로 사랑을 해도 괜찮다. 가끔 다툴 때도 있고 문제도 있지만 그래도 잘 이겨낸다. 그러나 하나님이 없는 사랑은 결국 한계가 드러난다. 식을 것 같지 않았던 사랑은 점차 식기 시작하고, 같은 문제는 여전히 반복되며, 서로에게 실망한다. 처음에는 잘 넘어갔던 문제도 더 이상 쉽게 넘어가지지 않는다. 그렇게 내 힘으로도 충분히 잘 해낼 수 있을 거라고 생각했던 사랑은 어느새 세상에서 가장 힘든 것으로 바뀌어 간다.

우리의 사랑이 실패하는 이유가 여기에 있다. 사랑이 무엇인지 제대로 알지도 못하는 우리가 내가 하고 싶은 대로 사랑하는 순간 사랑은 상처와 아픔, 좌절만을 남긴다. 다시는 사랑에 실패하지 않기 위해 여기저기 방법을 찾아 헤매지만 그럴수록 사랑은 더 어렵기만 하다. 과거 결혼소식을 전하던 날, 한 유부남 친구는 나에게 말했다.

"진짜 사랑해? 근데 사랑한다는 게 뭐야? 나는 결혼하고 시간이 지날수록 사랑이 뭔지 더 모르겠어."

하나님은 사랑을 이어 주는 결혼 정보업체가 아니다. 사랑 그 자체이신 하나님은 가장 뛰어난 사랑 전문가이시다. 우리는 오직 하나님을 통해서만 바른 사랑이 무엇이고, 어떻게 사랑해야 하며, 사랑을 위해 필요한 것이 무엇인지 알 수 있다.

그래서 하나님은 우리가 하는 모든 사랑에 가장 깊게 관여하기를 원하신다. 비록 하나님의 사랑법이 내 마음에 쏙 들진 않더라도 사랑 전문가이신 하나님의 방법을 따라 사랑할 때 우리는 진짜 사랑이 무엇인지를 알아 간다.

>   사랑에 더 이상 실패하기 싫은가?
>
>   그렇다면 당신에게는 사랑 전문가이신 하나님이 필요하다.

사랑하고 싶다는 거짓말

사랑하고 싶다는 거짓말

사랑하고 싶다는 거짓말

"사랑하고 싶다."

이 말 한 마디에는 많은 의미가 담겨 있다.

"외롭다. 좋은 사람 어디 없나? 나도 다른 사람들처럼 꽁냥꽁냥한 연애 한번 해봤으면."

사랑하고 싶다는 말은 사실 사랑받고 싶다는 의미다. 아이러니하게도 사랑이 힘든 이유가 바로 여기에 있다. 서로가 사랑하고 싶다고 말하지만, 정작 서로 자신만 사랑받기를 원한다. 이렇게 사랑받기만을 원하다 보니 서운함은 점점 커져만 간다.

"너를 사랑하기 위해 이렇게 노력하는데, 왜 너는 나만큼 사랑해 주지 않니? 네 사랑이 더 이상 느껴지지 않아."

나도 온전히 사랑하지 못하는 두 사람이 서로 사랑받기만을 원하는 악순환은 쉽게 끊어지지 않는다. 아름다운 사랑 이야기는 드라마나 다른 사람의 이야기일 뿐 나와는 거리가 멀다. 어떤 이는 반복되는 사랑의 실패와 상처에 "다신 사랑 따윈 하지 않을 거야. 사랑 같은 건 없어"라고 말하기도 하지만, 얼마 지나지 않아 다시 사랑을 찾아 헤맨다. 우리는 결국 사랑받지 않고서는 살아갈 수 없다.

이런 현실 속에서 "사랑하라"는 예수님의 말씀은 불가능한 것처럼 들린다. 사랑하기는커녕 사랑받기에도 벅찬 우리가 다른 사람을 사랑하는 게 정말 가능한 일일까? 예수님이 말씀하신 사랑도 결국 노력이라도 해보자는 건 아닐까? 하지만 예수님이 말씀하신 사랑은 그런 사랑이 아니다. 예수님은 우리가 정말로 사랑할 줄 아는 사람이 되기를 원하셨다.

'그럼 나는 누가 사랑해 주냐고?'

내가 예수님을 통해 얼마나 놀라운 사랑을 받았고, 지금도 사랑받고 있는지를 알면 우리는 사랑받기 위해 발버둥 치지 않는다. 예수님의 사랑은 허물과 더러움까지도 덮어 주는 사랑이기에 우리는 사랑받기 위해 나를 포장하거나 몸부림칠 필요가 없다. 아무것도 요구하지 않는 무조건적인 사랑 안에서 우리는 진짜 사랑이 무엇인지를 깨닫는다.

<u>그리고 이 사랑을 알 때 우리는</u>
<u>진짜 사랑을 하기 시작한다</u>.

<u>받기 위한 사랑이 아니라</u>
<u>주기 위한 사랑을</u>.

PART 2 보통의 질문들: 인생

노력하지 마,

　　　　　　　　　　　어차피 안 돼

"네 한계를 스스로 정하지 마! 네가 간절히 원하면 무엇이든 할 수 있어."

우리 주변에서 쉽게 들을 수 있는 이 말은 환상이다. 나도 한때는 마음만 먹으면 무엇이든 다 할 수 있다고 생각했다. 의지 탓이지 능력 탓은 아니라고 믿었다. 하지만 아니었다. 내가 원하는 대로 살 수 있었다면 적어도 난 지금처럼 살지는 않았을 것이다.

우리는 한계가 존재한다. 그런데 오늘날 세상은 끊임없이 자신의 한계를 정하지 말라고 외친다. 한계 따위가 얼마든지 내가 원하는 대로 정하면 그만이라는 식이다. 하상욱 시인은 말했다.

오늘날 사람들은 코끼리를 향해
'코만 사용하지 말고 점프를 해서
높은 나무 위의 열매를 따먹어. 너도 할 수 있어'
라고 응원하지만 그건 오히려
코끼리에게 더 큰 좌절을 안겨 주는 꼴입니다.
코끼리에게 필요한 건 점프가 아니라
자신이 가지고 있는 코를 잘 사용하는 거죠.

아이러니하게 우리는 "무엇이든 할 수 있다"는 말 때문에 더 큰 좌절을 경험한다. 오히려 우리에게 필요한 건 "아니, 나는 여기까지야"라고 한계를 인정할 수 있는 용기다. 코끼리가 점프하지 않고 코만 사용한다고 해서 한계에 갇힌 바보가 되는 건 아니다. 마찬가지로 내 한계를 인정한다고 해서 실패한 인생은 아니다. 나의 한계를 인정하는 것이야말로 진짜 용기다.

우리의 가장 분명한 한계는 세상을 '내 중심으로, 내가 원하는 대로' 살 수 없다는 데 있다. 물고기가 물속에서 살고, 새가 공중에서 살 듯, 하나님께서는 인간이 하나님 안에서 살아가도록 창조하셨다. 우리는 하나님과 관계를 맺으며 살아갈 때 인생의 행복과 만족과 아름다움과 영광을 경험할 수 있다.

하나님 안에서 우리의 한계는 좌절이 되지 않는다. 그것은 하나님이 주신 고유한 나만의 모습일 뿐이다. 코끼리의 행복이 점프가 아닌 코를 잘 활용하는 삶이듯, 인간의 행복은 하나님과 관계를 맺는 삶에서 나온다.

<u>모든 걸 다 할 수 없으면 어떤가?</u>

<u>우리에게는 모든 걸 다 하실 수 있는
하나님이 있는데.</u>

<u>그러니 자신 있게 외치자.</u>
"나는 여기까지야."

재능 따윈 없다는 거짓말

사람들은 흔히 재능을 남들보다 더 뛰어나게 잘하는 '어떤 것'으로 생각한다. 하지만 정말 재능이 남들보다 뛰어난 '어떤 것'이라면 세상 어디에도 진짜 재능을 가진 사람은 없을 것이다. 나보다 뛰어난 재능을 가진 사람은 항상 존재하니까.

재능은 남들보다 뛰어난 '어떤 것'이 아니다. 예전에 '신이 나를 만들 때'라는 작은 그림이 유행한 적이 있다. 그림 속에서 신은 나를 만들기 위해 여러 재료를 붓는다. '외모 조금, 착한 마음 조금, 소심함 중간, 게으름 많이' 이런 식이다. 비록 재미였지만 그 그림은 재능이 무엇인지를 보여 준다. 재능은 하나님께서 여러 가지를 부어 만드신 나라는 '존재' 자체다.

우리는 아무런 의미도 없이 무작위로 세상에 던져진 존재가 아니다. 하나님께서는 우리를 가장 고귀한 '나'만의 조합으로 만드셨다. 이 조합은 역사상 한 번도 같은 적이 없다. 비슷한 외모를 가진 사람은 존재할 수 있지만 성향과 성격, 취향과 습관 등 조금만 범위를 넓히면 나와 똑같은 사람은 한 사람도 존재한 적이 없다. 나는 그만큼 특별한 존재다. 재능은 바로 '나'만이 가지고 있는 이 존재의 특별함에서 나온다.

인스타그램에 신앙을 주제로 글을 쓰려 할 때 가장 먼저 들었던 생각은 이랬다.

'나보다 더 글 잘 쓰고, 뛰어난 사람이 많은데 내가 할 수 있을까? 내 글을 누가 보기는 할까?'

하지만 곧 생각을 바꿨다.

'아니야. 그 사람은 그 사람의 것이 있는 거고, 나는 하나님께서 주신 나만의 것이 있는 거야. 누군가가 아무리 뛰어나도 나처럼 할 순 없어.'

이 글을 보고 있는 당신도 마찬가지다. 다른 누군가와 자신을 비교하며 나는 재능이 없다고 한탄하고 있을 필요가 없다. 아무리 뛰어나 보이는 사람이라도 완전히 당신처럼 할 수는 없다. 하지만 재능을 발견하기 위해서는 꼭 필요한 게 있다.

<u>바로 하나님께서 만드신 나만의 모습을 발견하고 그것을 발전시키며 더 숙련하는 것이다.</u>

이것이야말로 오직 나만이 할 수 있는
<u>가장 큰 능력이고 재능이다.</u>

넌 주인공이 아니야

뮤지컬 〈영웅〉팀의 초청으로 기도 모임을 인도하러 간 적이 있다. 모임이 끝나고 무대를 구경하면서 하나의 공연을 위해 무대 아래 수많은 사람들이 존재한다는 것을 깨달았다. 보이지 않는 곳에 있어서 그 어떤 스포트라이트도 받지 못했지만 그들의 존재로 인해 하나의 공연이 완성되고 있었다.

오늘날 사람들은 가장 많은 스포트라이트를 받는 무대의 주인공이 되고 싶어 한다. 하지만 모든 사람이 무대에서 주인공이 될 수는 없다. 하나의 무대가 완성되기 위해서는 주인공뿐 아니라 조연을 비롯해 수많은 엑스트라들이 존재해야 한다.

모든 사람이 주인공이 되어 스포트라이트를 받고자 한다면 그 무대는 망한다. 정말 멋있는 공연은 주인공은 주인공으로, 조연은 조연으로, 엑스트라는 엑스트라로 각자의 역할에 충실할 때 완성된다. 하지만 사람들은 그래도 역시 가장 빛나는 주인공이 되고 싶어 한다. 그래서 주인공이 되고 싶은 욕망과 주인공이 아니라는 사실 사이에서 좌절한다.

모두가 주인공이 되기를 원하는 세상은 이상한 세상이다. 이런 세상에서는 성공한 주인공 한 명과 실패한 수많은 사람들만 존재한다. 멋있는 공연을 선보이는 건 당연히 불가능하다.

하나님은 세상에서 얼마나 빛나고 화려한 스포트라이트를 받았는지로 우리를 판단하시지 않는다. 하나님의 기준에서 우리는 모두 동일하다. 주인공도, 조연도, 엑스트라도, 스텝도 은혜로 구원받은 죄인일 뿐이다.

세상의 기준이 아닌 하나님의 기준으로 무대를 볼 때 우리는 모두가 동일하다는 걸 깨닫는다. 하나님의 기준에서 중요한 것은 역할이 아니라, 역할을 잘 감당하는 것에 있다. 이 사실을 깨닫는 사람은 세상의 스포트라이트를 좇지 않고 자신에게 맡겨진 역할을 충실히 감당한다.

세상이라는 무대를 살기 위해 필요한 것은 스포트라이트를 받는 주인공이 되는 게 아니다. 하나님의 기준으로 나의 가치와 역할을 알고 그것에 충실하게 살아가는 것이다.

<u>그렇게 각자가 자신의 역할에 맞는</u>
<u>삶을 살아갈 때 세상이라는 무대는</u>
<u>더욱 아름답게 바뀐다.</u>

부족함 없이 살고 싶어요

사람들은 모두 결핍을 경험한다. 돈이 많다고 결핍이 없는 것은 아니다. 물질적으로는 부족함이 없을지 몰라도 돈으로 살 수 없는 부족함은 여전히 존재한다. 결핍이 꼭 나쁜 것만은 아니다. 어떤 결핍은 우리를 더 발전시키고 앞으로 나아가게 하는 원동력이 되기도 한다. 하지만 하나의 결핍을 극복하기 위해 우리는 반드시 다른 무엇인가를 희생시켜야만 한다.

경제적 결핍에서 벗어나기 위해서는 열심히 일해야 하지만 동시에 시간과 건강을 희생시켜야 한다. 영양 결핍에서 벗어나기 원한다면 내가 먹고 싶은 것만 먹을 수 없다. 때론 입맛을 포기해야만 영양을 섭취할 수 있다. 무엇인가를 얻기 위해 다른 것을 희생하는 결핍의 아이러니는 결코 피할 수 없다. 가장은 가족의 행복을 위해 자신을 희생하며 열심히 일하지만 오히려 그 과정에서 가족은 가장의 결핍을 경험한다.

부족함을 메우기 위한 우리의 노력은 또 다른 결핍을 가져온다. 도대체 왜 이럴까? 이유는 간단하다. 그 무엇도 나의 결핍을 완전히 해결해 줄 수 있을 만큼 완벽하지 않기 때문이다.

결핍에서 벗어나기 위해서는 나를 위해 모든 걸 헌신하고 희생해 줄 완벽한 누군가가 필요하다. 사람들은 부모를 통해 조금씩 이런 경험을 한다. 부모의 무조건적인 희생과 헌신 때문에 우리는 수많은 결핍에서 벗어난다. 하지만 아무리 부모라 해도 우리의 결핍을 완전하게 해결해 줄 수는 없다. 부모 또한 결핍을 피할 수 없는 불완전한 존재니까. 부모는 우리에게 많은 것을 해줄 수는 있지만 모든 것을 다 해줄 수는 없다.

예수님은 다르다. 예수님은 그 어떤 결핍도, 부족함도 없는 완벽한 분이기에 우리는 예수님 안에서 완전함을 경험한다. 이런 완벽한 예수님이 우리를 위해 자신의 생명조차 아끼지 않으셨다는 사실은 우리가 받은 것이 무엇인지를 보여 준다. 우리는 완벽한 예수님께 많은 것이 아니라 모든 것을 받았다. 물론 예수님도 희생과 포기를 말씀하신다. 그러나 그것은 세상이 말하는 것과 다르다. 예수님을 향한 희생은 하나를 얻기 위해 하나를 포기하는 조건적 희생이 아니다. 오히려 희생과 헌신은 예수님께 있다. 예수님은 우리의 결핍을 채우기 위해 자신을 희생하고 헌신하셨다.

<u>그러므로 예수님이 요구하시는 희생은
희생이 아니다.</u>

<u>그것은 오직 예수님의 사랑 안에서만
부족함 없는 삶을 살 수 있다는
풍요로의 초대다.</u>

무시당하며
살기 싫었어

나는 불같은 성격과는 거리가 멀다. 하지만 가끔 화를 주체하지 못할 때가 있는데 그날이 그랬다.

"예약이 안 되어 있는데요? 저희는 스케줄 표에 적혀 있지 않으면 몰라요. 알아서 하세요."

분명 예약하고 확인까지 했던 곳에서 갑자기 예약이 안 되어 있다고 말한 것도 황당했지만, 나를 폭발하게 만들었던 건 안내원의 퉁명스럽고 불친절한 말투였다. 한참 화를 내고 난 후 금세 후회가 밀려왔다. 그리고 곰곰이 왜 내가 이렇게까지 화를 냈을까를 생각해 보았다. 그러다 나에게 가끔 폭발하는 포인트가 있다는 걸 알았다. 바로 '무시당하고' 있다고 느낄 때였다.

그것은 내 안의 상처에서 나오고 있었다. 사춘기 시절 집으로 찾아온 빚쟁이들의 횡포와 목소리, 꼭 부자가 되어 다시는 이런 수모를 겪지 않겠다고 기도했던 그 기억이 '무시당하지 않을 거야'라는 상처로 남아 있었다.

우리가 살면서 경험하는 수많은 경험들은 나도 모르는 사이 내면에 흔적을 남긴다. 어린 시절 부모와 함께한 추억을 다 기억하지는 못해도 그것이 정서적 안정감과 발달에 커다란 영향을 주는 것처럼 말이다. 그 흔적들 중에는 상처와 흉터도 있다. 그래서 어떤 이들은 가슴 아픈 이별 후 거절감과 배신감이라는 상처에 시달리기도 한다.

이런 상처들은 어떤 때는 슬픔으로, 어떤 때는 좌절로, 어떤 때는 분노로 불쑥 튀어나온다. 사람들은 상처를 치유하기 위해 상담을 받고, 종교를 찾기도 하지만 눈에 보이지도 않는 내면을 치유하는 것은 결코 쉬운 일이 아니다.

예수님은 그 누구도 볼 수 없는 우리 내면의 상처를 보고 아시는 영혼의 전문의다. 성경에서 영혼의 전문의인 예수님을 만난 수많은 사람들은 단순히 병에서 낫는 것 이상을 경험했다. 그들은 예수님을 통해 깊은 내면의 상처에서 고침을 받았고, 영혼의 회복을 경험했으며, 이전과는 다른 새로운 삶을 살아갔다.

오늘날에도 우리에게는 영혼의 전문의인 예수님이 필요하다. 과거 '결코 무시당하며 살지 않겠다'고 기도했던 난 그날 새롭게 고백했다.

> "내 모든 걸 아시는 예수님이 있기에,
> 전 더 이상 무시당해도 억울하지 않습니다."

이별 없이 사랑할 순 없나요?

이별 없이 사랑할 순 없나요?

이별 없이 사랑할 순 없나요?

"하나님, 어떤 사람이 하나님께서 원하시는 사람인가요? 하나님이 예비해 주신 사람을 만나고 싶어요."

이 기도에 담긴 진실은 이것이다.

"하나님, 저 더 이상 사랑에 실패하기 싫어요. 이별의 아픔을 반복하기 싫어요."

하지만 정작 하나님이 누군가를 데려와 "자, 이 사람이 내가 너에게 예비한 사람이다"라고 한다면 우리는 이렇게 말할 게 뻔하다.

"아니, 하나님! 그래도 이 사람은 좀 아닌 거 같아요."

사람들은 사랑에 실패하는 이유가 좋은 사람을 만나지 못했기 때문이라고 생각한다. 하지만 사랑에 실패하는 이유는 내가 좋은 사람이 아니기 때문이기도 하다. 사랑은 좋은 사람을 만나는 게 아니다. 사랑은 서로에게 좋은 사람이 되어 가는 것이다. 하나님이 원하시는 사랑도 마찬가지다. 하나님은 내가 단순히 좋은 사람을 만나는 것을 넘어, 내가 먼저 좋은 사람이 되기를 원하신다.

이별은 비록 힘들지만 때론 우리를 성숙시킨다. 우리는 이별을 통해 부족한 자신을 발견하고, 후회를 통해 새로운 변화를 다짐한다. 그렇게 이별을 통해 우리는 더 잘 사랑할 수 있는 방법을 배운다.

이별은 우리에게 사랑이 백마 탄 왕자와 공주를 만나는 게 아니라는 현실을 알게 한다. 만약 좋은 사람이 누구인지 알아볼 수 있는 눈을 가지고 싶다면 사랑의 환상에서 깨어나야 한다. 사랑의 환상에서 깨어나 현실을 바로 알 때 비로소 하나님께서 나에게 허락하신 사람을 볼 수 있는 눈이 열린다.

하나님은 분명 우리가 좋은 사람을 만나기를 원하신다. 하지만 내가 좋은 사람으로 성숙해 있지 않다면 좋은 사람을 만나도 결국 서로에게 상처만 줄 뿐이다.

좋은 사람을 만나기 위해 우리에게 필요한 건
이별의 아픔을 피하는 것이 아니다.

좋은 사랑을 하기 위해 우리에게 필요한 건
이별의 아픔을 딛고 더 성장하는 것이다.

나는
'외모지상주의자'
였다

20대의 난 이성을 보는 눈이 아주 아주 높았다. 정확히는 외모를 보는 기준만 높았다. 웬만한 사람들이 '저 사람 예쁘다'고 하는 말에도 난 쉽게 동의하지 않았다. 철저한 외모지상주의자, 그게 나였다. 오랜만에 만난 학교 후배가 내게 말했다.

"오빠가 뭐라고 말했는지 기억나? 나는 김태희 정도의 외모 아니면 절대 안 사귈 거라고 말하고 다녔어."

기억조차 나지 않는 말이지만 그 말을 듣고 너무 부끄러워 얼굴이 화끈거렸다. 20대의 내가 상대방의 외모에 집착했던 이유는 나 자신 때문이었다. 나는 사람들의 시선을 한눈에 받는 그런 미모의 여자친구를 통해 내 존재와 가치를

높이고 싶었다. 내가 원한 건 예쁜 여자친구가 아니라 자존감이었다. '내가 이런 사람 만나. 어때?'

20대의 나에게 중요했던 '예쁜 여자친구'처럼, 사람들은 자신의 가치를 내 곁에 있는 다른 것들에서 찾으려 한다. 어떤 일을 하는지, 어떤 옷을 입는지, 학교는 어디인지, 누구를 만나는지를 통해 우리는 당당해지기도 하고 위축되기도 한다.

"아니요. 제 가치를 매길 자유는 저에게 있어요"라고 말하기도 하지만 착각이다. 그 또한 다른 사람에게 내가 얼마나 자유로운지를 보여 주려는 것일 뿐이다.

결국 우리는 모두 외부적인 기준을 통해서 자신의 가치를 정하고 평가할 수밖에 없다. 그리고 우리에게는 두 가지 외부적인 기준이 존재한다.

'온 세상을 창조하신 하나님의 기준과 평가인가? 세상의 기준과 평가인가?'

세상의 기준과 평가에 맞추는 삶은 고통스럽다. 우리는 항상 다른 사람과 자신을 비교하며 나에게 없는 것들을 덧붙이기 위해 발버둥 쳐야 한다. 하지만 하나님은 우리에게 그럴 필요가 없다고 말씀하신다. 굳이 무엇을 더하지 않아도 이미 우리의 존재 자체로 가장 귀하고 소중하다고 말씀하신다.

어떻게 그럴 수 있냐고?

<u>하나님께서 나를 위해 하나밖에 없는
아들의 목숨조차 아끼지 않으셨다는 사실은
우리의 가치를 완전히 바꾸어 버렸다.</u>

그날 선배가 연 것은 지갑이 아니라
내 인생이었다

'영향력'이라고 하면 우리는 대단한, 혹은 많은 영향력을 미치는 걸 떠올린다. 대단한 업적을 이루든지, 많은 사람들에게 영향력을 행사할 정도는 되어야 영향력 있는 사람이라고 생각한다. 하지만 그런 것만이 영향력은 아니다. 우리는 나도 모르는 사이에 이미 누군가에게 영향을 받고 또 미치며 살아왔다.

어느 날 나의 사정을 알고 있던 선배는 잘 지내냐는 인사와 함께 갑자기 지갑을 꺼내어 가지고 있던 현금을 모두 나에게 주었다. 그날 난 '주머니 사정이 힘든 사람에게는 그 어떤 위로의 말보다 돈이 엄청난 힘과 위로가 되는구나'라는 걸 절실히 느낄 수 있었다. 그 일 이후 나도 물질적으로 힘든 사람을 볼 때면 아무리 적은 금액이라도 지갑을 열곤 한다. 선배의 작은 행동 하나가 내 인생에 큰 영향을 준 것이다.

영향력은 대단한 것에 있지 않다. 누군가가 무심코 던진 말 한마디, 작은 행동 하나, 배려와 칭찬, 위로들은 우리에게 영향을 주었고 우리 또한 그렇게 영향을 미쳤다. 누군가는 나 때문에 웃기도 하고 울기도 했고, 자신감을 얻기도 하고 잃기도 했으며, 때로는 위로를 주기도 하고 위로를 받기도 했다. 그렇게 우리는 이미 수많은 사람들과 영향을 주고받으며 영향력 있는 인생을 살아왔다. 중요한 것은 '내가 얼마나 대단하고 많은 영향력을 미치는가'에 있지 않다. 정말 중요한 것은 '얼마나 선하고 좋은 영향력을 미치는가'이다.

하나님께서 우리에게 원하시는 영향력도 마찬가지다. 하나님은 우리가 대단하고 많은 영향력을 미치는 위인이 아니라, 주변 사람에게 선한 영향력을 미치는 좋은 이웃이 되기를 원하신다. 예수님은 모든 인류를 사랑하라고 하지 않으시고, 이웃을 사랑하라고 하셨다.

모든 인류를 사랑하는 건 분명 엄청난 영향력일지 모른다. 하지만 그 일을 할 수 있는 사람은 아무도 없다. 모든 인류를 사랑하려다 우리는 결국 지쳐 쓰러지거나, 자괴감에 빠질 게 뻔하다. 그러나 좋은 이웃이 되는 건 다르다. 비록 대단하지는 않아도 좋은 이웃이 되어 선한 영향력을 미치는 건 우리도 할 수 있다.

그러니 기억하자.

하나님이 원하시는 영향력은
크기가 아니라 선함에 있다는 걸.

인생의 막막함 가운데
하나님의 도움을 찾고 있다면

인스타그램에 글을 쓰기 시작한 이유는 막막함 때문이었다. 신학교를 졸업하고 목사가 됐지만 여전히 미래는 막막하고 불안했다. 남들처럼 평범하게 사역하며 앞날을 준비할 수도 있었지만 '과연 그게 내 길이 맞을까?'라는 고민이 들었다. 그렇다고 당장 무엇을 해야 할지도 몰랐다. 미래만 생각하면 가슴이 답답했다.

답답한 마음에 도저히 기도하지 않을 수 없었다. 하나님께 '길을 보여 달라고, 길을 알려 달라고' 기도했지만 보이지 않았다. 어떤 때는 기도하고 나면 평안함은커녕 막막함만 더욱 커졌다. 하지만 이상하게 기도할수록 용기가 생겼다. 여전히 길은 보이지 않았지만, 가진 것도 없고 잃을 것도 없는 인생, 손해 볼 것도 없다는 생각이 들었다. 그래도 내 인생에 하나님이 있다는 믿음은 막막함 속에서도 도전할 수 있는 담대함을 줬다.

담대함이 생기자 일단 무엇이든 해보기로 결심했다. 그리고 인스타그램에 짧은 글을 쓰기 시작했다. 당연히 반응은 없었다. '혼자 뭐하고 있는 거지?'라는 현타도 왔지만 포기하지 않았다. 적어도 1년은 해보고 포기하자는 생각으로 꾸준히 글을 올렸다.

두 달이 지나자 놀랍게도 사람들이 반응을 해주기 시작했다. 인스타그램을 통해서도 얼마든지 하나님의 이야기를 글로 전할 수 있다는 사실은 다른 사람들에게도 도전이 되었다. 전혀 생각지도 못한 관심과 사랑을 받으며 나는 생각했다.

'부족한 나의 글도 하나님께서는 사용하시는구나. 내가 감히 자랑하고 교만할 수 있는 게 아니구나. 모든 것은 하나님의 은혜다.'

처음 막막함 가운데 기도할 때만 해도 나는 하나님이 답을 알려 주시고 길을 보여 주시는 것만이 응답이라 생각했다. 하지만 하나님은 그렇게 일하시지 않았다.

오히려 인생의 막막함은
하나님 앞으로 나아가 기도하게 했고,
막막함 속에서 기도할 때
도전할 수 있는 용기를 얻었으며,
믿음으로 도전할 때
하나님의 도움을 경험할 수 있었다.

그러니 기억하자.

하나님은 우리 인생의 막막함을 가지고도
놀라운 일을 하실 수 있는 분이라는 걸.

반전 따윈 없어

살다 보면 가끔 모든 것이 다 끝났다고 느껴질 때가 있다. 모든 게 끝이라는 생각이 들 때 우리는 좌절과 낙망 속에서 어떻게 해야 할지 몰라 헤맨다. 하나님을 찾고 믿으려 해도 도대체 무엇을 믿고 어떤 소망을 가져야 할지 막막할 뿐이다.

가끔 역경을 딛고 일어나 인생의 반전을 이루었다는 사람들의 이야기가 들리지만 나와는 상관없는 이야기일 뿐이다. 오히려 대다수의 사람들은 반전은커녕 발버둥만 치다 사그라든다.

정말 반전이 존재하긴 하는 걸까?

예수님은 십자가에서 죽으셨다. 그것도 완전하게. 예수님이 자신들을 구원할 메시아라고 믿었던 사람들은 뿔뿔이 흩어졌다. 어떤 이는 실망과 절망감에 빠졌고, 어떤 이는 모든 것이 거짓에 불과했다는 배신감을 느꼈다. 3년을 동고동락한 제자들도 마찬가지였다. 그들에게는 아무것도 남지 않았다. 3년이라는 시간은 헛수고에 불과했고, 그동안의 노력은 실패로 돌아갔다. 오직 실망과 절망만이 그들 가운데 자리 잡았다. 모든 게 완전히 끝나 있었다.

하지만 3일 후에 일어난 놀라운 반전을 우리는 안다.

예수님은 다시 살아나셨고, 제자들의 눈앞에 나타나셨다. 말도 안 되는 광경을 보고 제자들조차 처음에는 받아들이지 못했지만 분명한 사실에 그들은 믿지 않을 수 없었다. 예수님의 부활을 통해 그들은 모든 것이 끝난 것 같은 상황 속에서도 소망이 존재한다는 것을 깨달았다. 부활은 그들에게 가장 확실한 소망이 되었다.

이 이야기가 모두 사실이라면, 우리 인생에도 이런 극적인 반전을 기대할 수 있지 않을까?

모든 것이 완전히 끝났다는 절망 속에서 부활이라는 소망이 피어난 것처럼, 진짜 반전은 우리가 생각치도 못한 모습으로 찾아온다. 그런 의미에서 우리 인생의 반전은 아직 시작되지 않았다.

하지만 반전은 언젠가 반드시 찾아온다.

예수님의 부활이 모든 것이 다 끝난 것 같은
상황에서 일어난 반전이었던 것처럼,

가장 절망스러운 상황 속에서도
우리 인생의 반전은 피어나고 있는 중이다.

PART 3 보통의 질문들: 성공

오늘도 난
아무 의미 없는 일을 한다

사람들은 대부분 자신이 일하는 현장에서 별다른 의미를 느끼지 못한다. 취업을 꿈꿀 때만 해도 의미 있고, 보람되며, 가치 있는 일을 하는 모습을 상상하지만 현실은 그렇지 않다. 정작 우리가 일하는 모습은 지극히 평범하다 못해, 어떤 때는 찌질하게 느껴진다. 그렇게 매번 지루한 일상과 쌓이는 스트레스, 반복되는 하루하루에 지친 사람들은 이렇게 말한다.

"내가 원하는 일은 이게 아닌데, 여기에 과연 하나님의 뜻이 있을까? 여긴 문제투성이야! 내가 일을 잘못 구했어. 이건 하나님도 원하시는 일이 아닐 거야."

도대체 뭐가 문제일까? 내가 잘못된 선택을 한 것일까? 하나님의 뜻을 오해한 걸까?

그러나 내가 원하지 않는 곳에서, 하나님과 상관없어 보이는 일을 하며, 하나님을 믿지 않는 사람을 상사로 두고, 때론 좌절과 낙망을 경험한다고 해서 아무런 의미도 없는 것은 아니다. 오히려 우리는 아무것도 보이지 않고, 아무런 의미도 느껴지지 않으며, 우리를 괴롭히는 상사가 있고, 좌절과 낙망을 경험하는 일터 속에서 우리와 함께하시는 하나님을 찾고, 하나님의 뜻을 구한다.

성경에 등장하는 수많은 사람들의 삶 또한 우리와 다르지 않았다. 그들도 하나님을 믿지 않는 상사의 괴롭힘을 견뎌야 했고, 열심히 일한 만큼의 결과를 얻지 못하기도 했으며, 자신이 하는 일의 의미를 알지 못하고 방황했다. 하지만 그 모든 상황 속에서도 하나님께서는 그들과 함께하셨고, 하나님의 뜻을 이루어 가셨다. 아무것도 이루어지지 않는 것 같았지만 하나님은 많은 것을 이루고 계셨다.

사람들은 내가 하나님의 일을 해야 한다고 생각하지만 하나님의 일은 하나님의 몫이다. 우리는 감히 하나님의 일을 다 알 수 없고, 하나님이 하시는 일을 할 수도 없다. 하지만 그럼에도 한 가지는 알 수 있다. 그 어떤 변화도 없는 것 같은 상황에서도 하나님이 일하고 계시다는 사실이다. 아무것도 보이지 않는 일터의 현장에서도 하나님은 분명히 나와 함께하고 계시다.

중요한 것은 내가 어떤 장소에서, 어떤 사람들과, 얼마나 가치 있고, 의미 있어 보이는 일을 하는가보다 일터의 현장 속에서 나와 함께하시는 하나님을 믿음으로 신뢰하는 것이다.

<u>내가 무슨 일을 하고 있든지 기억하자.</u>

<u>'얼마나 가치 있는 일을 하는가'보다 더 중요한 건,
세상에서 가장 가치 있는 분이
'지금 이 순간에도 나와 함께하신다'</u>는 사실이다.

그럼 지금 뭐 해 이후를 말하나?

"내가 만족하는 막걸리를 만들어 먹고 싶으면 집에서 혼자 만들면 되지 왜 장사해유?"

한 청년 사장을 향해 백종원 대표는 말했다. 그동안 백종원 대표가 아무리 여러 문제점을 지적하고 조언을 해줘도 소용없었다. 그는 자신의 생각을 고집하며 그 어떤 말도 들으려 하지 않았다. 그런 그를 향해 어느 날 백종원 대표가 물었다.

"사장님이 만들고 싶은 막걸리가 뭐예유?"

"저는 제가 먹었을 때 가장 만족스러운 막걸리를 만들고 싶어요."

청년 사장처럼 오늘날 사람들이 일하는 목적은 자기만족이다. 과거에 일은 재미없어도 해야만 하는 것이었지만, 이제 사람들은 '재미없는 일을 굳이 왜 해?'라고 생각한다. 일은 어쩔 수 없이 해야 하는 것을 넘어, 나를 만족시키고 즐거움까지 줘야 한다.

하지만 자기만족이 되는 순간 일은 가장 중요한 목적을 잃고 삐뚤어진다. 우리가 접하는 직업윤리의 상실과 먹거리 문제, 일과 관련된 수많은 사건들은 일이 자기만족이 되었을 때 일어날 수 있는 문제점들을 보여 준다. 일의 가장 중요한 목적은 자기만족이 아니다.

일의 목적은 무엇일까? 오디션 프로그램의 참가자에게 한 심사위원이 말했다.

"○○ 씨는 노래는 정말 잘하는데 딱 그것만 있어요. 이 노래는 이별의 아픔에 대한 노래인데, ○○ 씨는 노래의 목적에는 관심 없고, '나 노래 이렇게 잘해'라고 자랑만 하고 있네요."

자기만족을 위해 일하는 사람은 마치 자기 목소리만 뽐내는 가수와 같다. 그건 아마추어다. 프로는 작곡가가 노래에 담은 의도와 목적을 잘 드러내는 가수다. 사람들은 그런 노래에 감동한다. 일도 마찬가지다. 나의 만족만을 위해 일하는 건 아마추어다. 프로는 일에 담겨 있는 하나님의 목적을 온전히 드러내는 사람이다.

> 손님의 만족을 위한 음식을 만드는 게
> 식당의 목적이고,
> 작곡가의 목적에 따라 노래를 부르는 게
> 실력 있는 가수이듯이,
>
> 일을 통해 하나님의 뜻을 드러내며
> 하나님을 기쁘시게 하는 것,
> 그것이 우리가 일하는 목적이다.

내 동생은
 일용직 노동자
입니다

어느 날 일을 마치고 집에 온 동생에게 말했다.

"그래도 험한 일 말고 조금 더 안정적이고, 남들 보기에도 좋은 직장 구해서 다니는 게 어때? 나이도 어린데 사람들 시선도 있고…."

하지만 동생은 누구보다 자신의 일에 당당했고, 꿈과 계획도 있었다. 시간이 지날수록 남들의 시선 따위는 아랑곳하지 않고 누구보다 성실하게 일하는 동생이 대단하게 느껴졌다. 그리고 생각했다. '도대체 어디서 저런 당당함이 나올까?' 그러다 한 가지 사실을 깨달았다. 일용직 노동자라는 사실은 동생의 존재에 그 어떤 영향도 주지 않았다. 일은 그저 삶의 한 부분일 뿐이었다.

사람들은 일과 직업을 통해 나의 존재를 증명하고 확인받고 싶어 한다. 내가 어떤 일을 하는지가 곧 나를 결정한다. 하지만 일과 직업을 통해 나의 존재를 증명하려 할수록 우리에게는 더욱 불만만 쌓인다.

'이걸로는 안 돼. 더 잘해야 해. 더 높이 올라가야지. 내가 고작 이런 거나 하고 있어야 한다고? 내 삶이 정말 너무 한심하네.'

일과 직업은 나의 존재를 증명하거나 결정짓는 도구가 아니다. 그것은 삶의 한 부분일 뿐이다. 우리가 어떤 일을 해도 만족하지 못하는 이유는 오히려 일과 직업을 생각 이상으로 중요하게 생각하기 때문이다. 내가 어떤 일을 하는가보다 중요한 것은 나의 존재를 어디에 두느냐에 있다.

믿음은 내가 좋은 직업을 구하고, 좋은 사람이 되는 것에 대한 이야기가 아니다. 믿음은 우리의 존재가 하나님 안에서 증명되었다는 이야기다. 예수님은 십자가를 통해 우리가 얼마나 가치 있는 존재인지를 증명해 주셨다. 우리의 존재는 그 사랑 안에서 확고하게 세워졌다.

십자가의 사랑에서 나의 존재를 발견한 사람에게 일은 다양한 삶의 한 방식일 뿐 그 이상도 이하도 아니다. '내가 어떤 일을 하는가? 어떤 직업을 가지고 있는가?'는 생각보다 중요하지 않다.

> 정말 중요한 것은
> 하나님 안에서 나의 존재가
> 완전히 증명되었다는 사실에 있다.

평생 놀고먹으며 살았으면 좋겠네

평생 놀고먹으며 살았으면 좋겠네

평생 놀고먹으며 살았으면 좋겠네

오늘날 사람들은 가장 좋은 쉼은 아무것도 하지 않고 평생을 놀고먹는 거라고 말한다. 돈 걱정만 없다면 백수야말로 가장 좋은 인생이다. 이런 세상에서 일을 하며 산다는 건 가장 불행한 일이다. 그런데 대다수의 사람들은 물론이고, 세상에서 가장 돈이 많은 사람들도 일을 하며 불행한 삶을 살아간다. 돈이 없는 사람이야 그렇다 쳐도 평생을 놀고먹으며 살 수 있는 사람들도 계속 일한다는 건 분명 이상한 일이다.

그들이 바보라서 그렇게 사는 걸까? 사람들은 평생 아무것도 하지 않고 놀고먹는 인생을 꿈꾸지만 정작 그렇게만 살 수 없다는 걸 알고 있다. 평생을 아무것도 하지 않는 삶은 쉼이 아닌 무기력과 절망이다. 쉼의 가치는 일이 있을 때 빛난다.

초등학교에 입학할 무렵 우리 집은 작은 옷 가게를 시작했다. 당시에는 마땅한 홍보 수단이 없었기에, 나는 학교가 끝난 후 아빠와 함께 이 동네 저 동네를 다니며 전단지를 나누어 주었다. 오후부터 늦은 저녁까지 돌아다녔지만 그것이 싫거나 힘들지 않았다. 어린 내가 엄마 아빠를 도울 수 있다는 게 즐거웠고, 나를 보며 기특해하는 엄마 아빠의 모습에서 보람을 느꼈다. 난 분명 일하면서도 쉼을 누리고 있었다.

일하기 싫은 이유는 단지 쉬고 싶어서가 아니다. 내가 일하는 목적과 의미를 잃어버릴 때 우리는 노예로 전락한다. 노예는 원하지 않는 일을 억지로 하는 사람이다. 그런 면에서 오늘날 많은 사람들은 일의 의미를 잃어버린 채 여전히 노예처럼 살아간다.

내가 일하는 이유와 목적을 발견할 때 우리는 더 이상 노예처럼 살지 않는다. 그리고 일하는 이유와 목적을 발견할 때 우리는 일하면서도 잘 쉬는 법을 배운다.

하나님이 원하시는 삶은 평생 아무것도 안 하고 놀고먹는 백수 인생이 아니다. 하나님은 우리가 일터를 통해서 하나님의 뜻과 의미를 발견하고 그곳에서 하나님과 사랑을 나누기를 원하신다. 그렇게 하나님 안에서, 하나님을 위해 살아갈 때 우리는 건강하게 쉬는 법을 배운다. 심지어 일하면서도 쉴 수 있다.

>우리에게 필요한 건
>아무 일도 하지 않고 놀고먹는
>백수 인생이 아니다.
>
>사랑하는 하나님 안에서
>하나님을 위해 사는 삶,
>쉼은 여기에 있다.

잘 살고 싶니?

내가 초등학교에 다닐 때만 해도 검소는 삶의 미덕 중 하나였다. 사람들은 검소와 절약은 좋은 것이고 사치와 허영은 나쁘다고 말했다. 하지만 오늘날 검소와 절약은 더 이상 미덕이 아니다. 오히려 그것은 옹졸함과 구차함이 되었다. 반면 사치와 허영은 플렉스(Flex)가 되었고 사람들은 이것을 나쁘다고 말하지 않는다. 오히려 그것은 동경의 대상이다. 이제 사람들은 SNS에 명품을 자랑하고, 부를 과시하며, 관심을 받고 사랑도 받는다.

이런 모습들은 오늘날 세상의 중심에 소비가 있다는 것을 보여 준다. 소비가 중심이 된 세상에서는 나의 정체성과 가치를 소비가 결정한다. 더 비싼 것을 더 많이 소비함으로 사람들은 자신의 가치를 올리려 한다. 시원하게 카드를 긁는 그 순간에는 삶의 만족도도 올라가는 것만 같다. 하지만 아이러니하게도 소비를 통해 나의 가치를 높이려 할 때 우리는 더 초라해진다.

소비를 통해 얻는 만족은 너무나 짧다. 그토록 가지고 싶은 것을 가졌을 때의 기쁨은 일주일도 가지 않는다. 신상품은 내가 사는 순간 중고로 전락하고, 얼마 지나지 않아 또 다른 신상품이 끊임없이 나온다. 아무리 옷을 사도 입을 옷은 항상 없다. 그렇게 소비할 때만 잠시 높아졌던 나의 가치는 금세 떨어진다. 그리고 우리는 다시 내 가치를 높이기 위해 백화점과 인터넷 쇼핑몰을 기웃거린다.

예수님도 세상에서 소비하셨다. 하지만 예수님의 소비는 달랐다. 예수님은 자신의 가치를 높이고 만족을 얻기 위해 소비하지 않으셨다. 예수님은 자신의 진정한 가치를 찾지 못하고 헤매는 우리를 위해 자신의 목숨을 십자가 위에서 소비하셨다. 나의 가치를 조금이라도 더 높이기 위해 끊임없이 소비하는 우리에게 '하나님의 목숨 값'이라는 세상에서 가장 높은 가치를 매겨 준 것이다.

이 예수님의 십자가에서 자신의 가치를 발견할 때 우리는 세상에서 수없이 소비해도 결코 채워지지 않았던 만족을 얻는다. 소비를 기준으로 나와 타인을 바라보지 않고 예수님의 기준으로 바라보기 시작한다. 겉치레만 가득한 가치를 넘어서 진짜 가치 있는 삶을 살아간다. 그리고 십자가에서 만족을 얻은 사람들은 예수님처럼 소비하기 시작한다.

> 예수님처럼 소비하는 것은
> 나를 채우기 위한 소비가 아니다.
>
> 다른 이들을 위해 나를 희생하고
> 소비하며 살아가는 삶.
>
> 이게 진짜 잘 사는 인생이다.

그게 방황이지 여행이니?

사람들은 인생을 목적지 없는 여행이라고 말한다. 그런데 과연 목적지가 없는 여행이 가능할까? 잠깐은 가능할지도 모른다. 하지만 그게 평생이라면? 평생을 목적지 없이 떠도는 건 방황이지 여행이 아니다.

목적지가 없어도 처음에는 새로운 것들을 보고 경험하는 과정이 즐거울 수 있다. 하지만 그것도 잠깐이다. 시간이 지날수록 우리에게는 '내가 과연 어디로 가고 있는지', '앞으로는 어디로 가야 하는지', '왜 이 여정을 계속 이어가야 하는지' 수많은 질문이 찾아온다. 그래서 사람들은 인생을 살다가 문득문득 멈춰 서서 묻는다. '왜 이렇게 살아야 하지? 나 지금 잘 살고 있는 거 맞나? 이렇게 그냥 살아도 되는 건가?'

그렇게 목적지 없는 여행인 줄 알았던 인생은 점점 방황이 된다.

우리에게는 가야 할 길과 목적지가 있다고 예수님은 말씀하신다. 당장은 목적지가 보이지 않을 수 있지만 그렇다고 목적지가 없는 건 아니다. 49.195km를 달리는 마라톤 선수들은 목적지를 보고 가지 않는다. 비록 눈에 보이지 않아도 분명한 목적지가 있다는 걸 알기에 그들은 긴 시간을 묵묵히 달린다. 목적지는 마지막 순간에야 비로소 수많은 관중들의 함성과 박수 속에서 눈앞에 나타난다.

예수님은 제자들을 향해 말씀하셨다.

"나를 따르라."

예수님의 말씀은 삶의 목적지를 향한 부름이었다. 예수님은 우리 인생이 목적지 없이 떠도는 방황이라고 말씀하시지 않는다. 비록 당장은 보이지 않지만 우리 인생의 여정 끝에는 우리를 함성과 박수로 맞이할 최종 목적지가 존재한다.

'나를 따르라'는 말씀 속에서 예수님은 우리에게 이렇게 말씀하신다.

"목적지가 보이지 않는다고 흔들리지 말거라. 내가 너희를 목적지까지 이끌어 주겠다. 너희는 나만 따라오면 된다."

인생은 목적지 없는 방황이 아니다.

우리 인생의 여행은
예수님을 따라 목적지를 향해 갈 때
비로소 시작된다.

이렇게 힘든데
왜 살아야 해?

어느 겨울 아침, 한 중학생 여자아이가 입을 옷이 없다며 엄마와 말다툼을 하던 중 짜증 가득한 목소리로 외쳤다.

"엄마, 날 사랑하는 건 맞아? 엄마 싫어!"

엄마와 싸우고 나간 아이는 친구들을 만나 속상함을 털어놓으며 이런저런 이야기를 하고 있었다. 그러던 아이는 우연히 지하철에서 화재가 났다는 뉴스 속보를 보게 된다. 그리고 얼마 지나지 않아 자신의 옷을 사러 나갔던 엄마가 그 지하철에 있었다는 소식을 접한다.

엄마에게 해서는 안 될 말을 했다는 자책감과 나 때문에 엄마가 죽었다는 죄책감에 아이는 견딜 수 없었다. 결국 괴로움을 이기지 못한 아이는 엄마를 따라가겠다며 옥상으로 올라갔다. 그리고 마지막으로 그때까지 온 핸드폰 메시지를 확인하기 시작했다.

메시지를 확인하던 아이는 그동안 경황이 없어 보지 못했던 엄마의 마지막 메시지를 발견한다.

"사랑하는 딸, 엄마가 항상 더 잘해 주지 못해서 미안해. 그래도 엄마가 많이 사랑하는 거 알지? 집에 좋아하는 불고기 해놨으니까 꼭 먹어. 사랑해."

한참을 펑펑 울던 아이는 메시지 속에서 자신을 향한 엄마의 사랑을 발견했다. 그리고 지금 내가 하려는 것은 나를 사랑하는 엄마가 원하는 일이 아니라는 생각에 옥상에서 내려왔다. 훗날 시간이 지나 어른이 된 아이는 말했다.

"엄마의 메시지는 힘들고 어려운 순간을 만날 때마다 그것을 견디고 이길 수 있게 해주는 가장 큰 힘이었어요. 아무리 힘든 상황이 와도 내가 정말 귀한 딸이고, 사랑받는 존재였다는 사실이 절 다시 일어나게 해줬거든요."

기독교는 우리에게도 이런 사랑의 메시지가 있다고 말한다. 바로 2천 년 전 우리를 너무나도 사랑하신 예수님이 우리를 살리기 위해 자신의 목숨조차 아끼지 않으셨던 놀라운 사랑이 담긴 십자가가 바로 그것이다.

    엄마의 사랑이 한 아이를 살린 것처럼,

    아무리 힘들고 어려운 순간에도
    우리를 살아갈 수 있게 해주는 힘은

    죽기까지 나를 사랑하신
    하나님의 사랑에서 나온다.

성공해 봤자,
하나님은
관심 없을걸

"어긋나지 않고 지금까지 바르고 건강하게 자라 줘서 정말 고마워."

누구나 한 번씩은 들어봤을 흔하디흔한 이 말을 엄마에게 들을 때의 감정은 묘했다. '능력도 없는 아들이 그거라도 해야지'라는 생각도 잠깐 들었지만, 이내 엄마의 말속에서 자식을 향한 부모의 마음을 느낄 수 있었다. 엄마에게 가장 중요한 것은 성공보다 내가 건강하고 바른 인간이 되는 것이었다.

그 어떤 부모도 자녀에게 자신을 혹사시켜서라도 세상에서 성공하는 게 최고라고 말하지 않는다. 그 무엇도 자녀 그 자체보다 소중하지는 않기 때문이다. 여느 부모와 마찬가지로 우리를 향한 하나님의 가장 큰 관심도 '내가 얼마나 훌륭한 일을 하고 있는가?', '얼마나 많은 업적을 이루었는가?', '세상에서 성공했는가?'에 있지 않다. 하나님의 일관된 관심은 사랑하는 자녀가 건강하고 바른 인생을 살아가는 것에 있다.

하나님이 우리에게 원하시는 것은 세상에서의 성공이 아니다. 간혹 우리는 대단한 것을 하나님께 드려야 한다고 생각하지만 그것은 하나님을 너무 초라하게 만드는 것이다. 하나님은 그 무엇도 부족한 게 없으시다. 그래서 하나님은 우리가 부족함 없는 하나님 안에 거하면서 살아가는 법을 배우기 원하신다. 그렇다면 하나님 안에 거하면서 살아가는 법은 어떻게 배울 수 있을까?

만약 하나님이 우리를 향해 "알아서 잘 해봐"라고만 하셨다면 하나님 안에 거하면서 살아가는 삶은 너무 막막했을 것이다. 하지만 하나님은 예수님을 통해 그것이 무엇인지를 우리에게 보여 주셨다. 그러므로 하나님 안에 거하면서 살아가는 삶은 우리가 예수님을 알고, 예수님을 닮으며, 예수님처럼 살아가려 할 때 가능하다.

"우리는 모두 하나님의 아들을 믿는 것과 아는 지식에 하나가 돼 온전한 사람을 이루어 그리스도께서 충만하신 정

도에까지 도달해야 합니다."(엡 4:13, 우리말성경)

자식을 향한 엄마의 마음처럼, 하나님의 마음은 사랑하는 자녀의 존재 자체에 있다.

> 믿음은 '성공'이 아닌
> '성장'에 대한 이야기다.

바보같이 살지 마

어릴 때부터 배우는 인간관계의 기본은 배려, 용서, 희생, 사랑이다. 사람들은 누구나 이렇게 행동하는 것이 옳다는 걸 안다. 하지만 정작 주변에서 누군가가 이렇게 행동하면 말한다.

"야, 세상은 어차피 이기적이야. 네가 그렇게 행동한다고 아무도 알아주지 않아. 그러니 너도 바보같이 양보하고 착하게 살 필요 없어. 적당히 이기적으로 살아야지. 그게 인생이야."

냉혹한 현실 앞에서 어릴 때 배운 배려, 용서, 희생, 사랑은 이상적인 이야기일 뿐이다. 하지만 사람들은 이기적으로 사는 인생을 멋있고 좋은 인생이라고 말하지도 않는다. 그런 인생은 어딘가 각박하고, 불편하며, 옳지 않다는 것을 알고 있다. 그래서 사람들은 타인을 위해 희생하고 헌신하는 사람들을 보면 존경하며 자랑스러워한다.

그러나 그건 특별한 몇몇의 이야기일 뿐이다. 대다수의 사람들은 이기적인 세상에서 살아남기 위해 이기적인 삶을 선택한다. 입으로는 정의를 말하지만 정작 내 이익이 걸렸을 때 정의는 적당히 타협된다. 겉으로는 배려, 용서, 사랑, 희생을 말하지만 결국 가장 중요한 순간에는 나 자신을 위해 살아간다.

과연 이런 세상 속에서 이기적인 삶을 내려놓을 수 있는 방법이 존재하기는 할까?

나를 책임져 줄 사람 하나 없이, 모든 책임을 내가 져야 하는 세상이라면 이기적으로 사는 건 이상한 일이 아닐지도 모른다. 하지만 언젠가 모든 억울함을 풀어 주고 정의를 행하실 하나님이 있다면 이야기는 달라진다. 하나님의 심판은 무서운 복수극 이야기가 아니다. 하나님의 심판은 이기적인 세상에서도 우리가 왜 바보같이 살 수 있는지에 대한 이야기다.

인생을 책임져 주시는 하나님이 있을 때 우리는 이기적인 세상에서 다른 방식으로 살아갈 용기를 얻는다. 세상을 창조하신 하나님이 우리 편이 되어 주실 때 세상에서 바보 같은 일인 배려, 용서, 희생, 사랑은 가장 값진 일이 된다.

이기적인 세상에서 배려와 양보, 희생과 사랑의 삶을 사는 건 결코 미련한 일이 아니다.

> 하나님의 정의와 심판이 있을 때
> 바보 같은 삶은
> 가장 가치 있는 삶으로 바뀐다.

제발 생각 좀 하고 살자

"목사님, 용기 내서 인생 상담 요청합니다."

스튜어디스에 합격한 후 외국으로 나갔던 청년 J에게 온 연락이었다. J는 그동안의 일을 이야기했다. 코로나로 인해 사정이 어려워진 항공사가 기약 없이 모두를 다시 돌려보냈다는 것이다. J가 부푼 꿈을 안고 나간 지 불과 한 달 만에 벌어진 일이었다.

한국에 돌아온 J는 민망하고 속상한 마음에 한동안 아무에게도 이야기하지 않고 혼자서만 끙끙 앓고 있었다고 했다. 그러다 몇몇 친구들에게 상황을 이야기하고 만나서 위로를 받았지만 거기까지였다.

"그냥 다 잊으라는 친구들의 말을 들으며 함께 술에 취해 있을 때는 정말 아무것도 기억나지 않았어요. 하지만 다음 날 잠에서 깨면 정작 바뀐 것 없는 현실에 더 큰 좌절감이 찾아왔어요."

J는 고민 끝에 교회 친구들에게도 자신의 상황을 알렸고 교회 친구들 또한 누구보다 J의 상황에 속상해하며 위로해 주었다. 하지만 그들이 던진 위로는 적어도 그냥 다 잊으라는 말은 아니었다. 그들은 힘든 상황 속에서도 J를 향한 하나님의 사랑은 변치 않음을 이야기해 주었다. J는 그동안 수없이 들어왔던 다 잊어버리라는 말보다 하나님의 이야기가 자신에게 가장 큰 힘과 위로가 되었다고 했다.

세상은 곤경에 처한 우리를 향해 어렵고 골치 아픈 현실은 다 잊어버리고 거기서 잠시라도 도망치라고 말한다. 어차피 고민해 봤자 답도 나오지 않는 문제를 가지고 씨름할 필요는 없다는 것이다. 하지만 현실의 문제는 잠깐 잊고 도망간다고 해서 벗어날 수 있는 게 아니다. 냉혹한 현실은 잠깐 잊는다고 변하지 않는다.

오히려 힘든 현실 속에서 우리에게 필요한 것은 잊는 것이 아니라 깊게 생각하는 것이다. 이해할 수 없는 상황 속에서도 하나님이 어떻게 일하시는지, 이 상황에서 하나님은 내가 어떻게 반응하기를 원하시는지, 그동안 하나님께서 나를 어떻게 이끌어 오셨는지, 내가 하나님께 어떤 사랑을 받았고, 그 사랑 안에서 나는 어떤 존재인지를 우리는 계속 떠올리고 생각해야 한다.

그러면 뭐가 바뀌냐고?

물론 당장의 현실은 바뀌지 않을지 모른다. 하지만 한 가지는 확실하다.

> 이해할 수 없는 힘든 상황 속에서도
> 나를 포기하지 않으시는 하나님의 손길이
> 보이기 시작한다.

PART 4 보통의 질문들 : 관계

당신 인생은 문제투성이다

친구의 고백에 난 깜짝 놀랐다. 내 눈에 항상 그 친구는 아무런 문제도 없는 행복한 인생으로 보였으니까. 항상 내 인생만 문제투성이 같았고, 다른 사람들은 문제와는 거리가 먼 인생 같았다.

하지만 시간이 지나면서 그 어떤 문제도 없어 보이던 사람들도 저마다의 문제를 안고 있다는 것을 알게 되었다. 나에게는 부러움의 대상이었던 친구의 고백처럼, 그 누구도 문제가 없는 사람은 없었다. 모두 문제투성이 인생들이었다.

모두가 문제를 가지고 있다는 것을 알자 비로소 다른 차이가 보였다. 저마다의 문제 속에서 누군가는 혼자였고, 누군가는 하나님과 함께하고 있었다.

성경에 등장하는 수많은 사람들 또한 문제투성이었다. 어떤 이는 성격의 결함을 가지고 있었고, 어떤 이는 상처의 아픔에 시달렸으며, 어떤 이는 가정의 깨짐을 경험했고, 어떤 이는 관계적 문제를 안고 있었으며, 어떤 이는 신체의 장애를 가지고 있었다. 예수님을 제외하고 성경에 나오는 수많은 인물 중 그 누구도 완벽한 사람은 없었다.

하나님께서는 이런 문제투성이 인생들과 함께하며 그들을 사용하셨다. 때론 그들의 문제를 해결하셨고, 상처를 치유하셨으며, 훈련을 통해 모난 점을 다듬고 고쳐 나가셨다.

하나님께서 문제투성이 인생을 사용하시는 성경의 수많은 이야기는 오늘날 우리의 이야기다. 세상에 문제가 없는 인생은 없다. 사람들은 모두 각자의 문제를 가지고 있고, 문제 속에서 상처받고, 눈물 흘리며, 좌절한다. 하지만 사람들은 자신의 문제를 감추고 싶어 한다. 세상에서는 그 누구도 우리의 문제를 반기지 않으니까. 말로는 공감해 주고 위로해 줄지 몰라도 정작 우리의 문제를 안고 함께 가려는 사람은 없다.

하지만 하나님은 우리의 문제에 연연하지 않으신다. 그분은 우리가 안고 있는 수많은 문제에도 아랑곳하지 않고 우리를 은혜로 구원하신 사랑의 하나님이다.

모든 문제를 해결하실 수 있는 하나님은
우리의 문제를 묻지 않으신다.

다만,
당신과 함께하지 않겠냐고
물으실 뿐이다.

억울하다,
억울해

사람들은 억울한 일을 당할 때 분노한다. 정당한 대가를 받지 못할 때, 믿었던 사람에게 배신당할 때, 자신에 대한 헛소문이 돌 때, 사람들의 오해를 살 때, 선한 의도가 왜곡될 때 우리는 분노한다. 시간이 지나 그 억울함이 해결될 때도 있지만 그렇지 않을 때도 많다. 그 누구도 내 억울함을 알아주지 않을 때 분노는 끝 모를 좌절로 바뀐다.

누구나 분노가 좋지 않다는 걸 안다. 분노를 가진 채 살고 싶은 사람이 어디에 있겠는가? 그래서 사람들은 억울해도 그냥 잊으라고 말한다. 하지만 뼛속 깊이 새겨진 억울함은 흉터가 되어 쉽게 잊혀지지 않는다. 잊은 것 같다가도 불쑥 튀어나와 우리를 괴롭힌다.

그나마 억울함을 알아주는 사람이 있다는 사실은 위로가 되지만 그것만으로는 부족하다. 가장 큰 고통은 억울함을 풀어 줄 이가 없다는 데 있다.

사람들은 하나님의 심판 이야기를 좋아하지 않는다. 하나님은 모든 것을 용서해 주고 끝까지 사랑해 주기만을 원한다. 하지만 반대로 세상에서 억울한 일을 당하거나 불의를 경험할 때면 분노하며 하나님이 어떻게 이럴 수 있냐고 따진다.

만약 하나님이 용서와 사랑만 하는 하나님이라면 억울해하는 우리를 향해 이렇게 말씀하실 것이다.

"참아, 용서하고 사랑해 줘야지. 서로 좋게 끝내자."

그러나 하나님은 억울함을 알아주는 분이 아니라 억울함을 풀어 주는 분이다. 하나님의 공정한 심판 앞에서는 영원한 불의도, 영원한 억울함도 존재하지 않는다. 하나님은 매서운 정의로 모든 사람을 심판하신다. 그 누구도 여기서 피할 수 없다.

무시무시한 하나님의 심판 이야기는 누군가에게는 두려운 이야기일지 몰라도 누군가에게는 위로가 된다. 억울함 속에서도 하나님의 정의를 믿고 정의를 행하며 살아온 사람들에게 이 이야기는 소망이 된다.

> 하나님의 정의를 믿을 때
> 우리는 불의와 타협하지 않으며,
>
> 하나님의 심판을 믿을 때
> 우리는 분노와 증오에서 해방된다.

너의 목소리를

보여 주지 마

노래 경연에 한 실력파 가수가 나온 적이 있다. 이 가수가 첫 경연에서 듀엣 곡을 부를 때만 해도 그의 실력은 크게 돋보이지 않았다. 하지만 듀엣 곡이 끝나고 혼자 노래를 하자 곧 그의 엄청난 실력이 드러났다. 그렇게 그는 9연승이라는 기록을 세우며 가왕의 자리에 올랐다.

이런 실력을 가진 그가 왜 듀엣 곡을 부를 때는 평범하게 느껴졌을까? 이유는 하나다. 듀엣의 특성상 자신의 실력을 뽐내기보다는 상대방에 맞춰 하모니를 이루었기 때문이다. 그게 진짜 '실력'이니까.

제각기 다른 수많은 사람들이 모여 있는 교회는 솔로가 아닌 합창단과 같다. 합창단에서 각자가 자신의 노래 실력을 뽐내려고 한다면 결코 아름다운 하모니는 나올 수 없다. 아름다운 하모니를 위해 필요한 건 나의 목소리를 높이는 것이 아니라 상대방의 소리에 귀를 기울이는 것이다. 그리고 이때 누군가는 반드시 자신의 소리를 낮추고 상대방에게 화음을 맞춰야만 한다.

이 일을 누가 할 수 있을까?

바로 하나님을 향한 믿음이 가장 견고한 사람이다. 아름다운 노래를 위해 실력자가 자신을 낮추고 상대방의 노래에 화음을 맞추는 것처럼, 공동체 안에서도 나의 목소리를 낮추고 다른 사람의 소리를 경청할 수 있는 사람은 믿음의 실력이 좋은 사람이다.

나의 목소리를 낮추는 것은 단순히 져주는 게 아니다. 믿음이 약한 사람들은 내 의견만이 옳고, 내 뜻이 곧 하나님의 뜻이라고 쉽게 단정한다. 하지만 믿음이 견고한 이들은 꼭 내 의견대로가 아니어도 하나님께서는 얼마든지 다른 모습으로 일하실 수 있다는 것을 안다. 그래서 내 의견을 고집부리기보다 하나님을 향한 신뢰로 다른 사람의 소리에 귀를 기울인다.

교회는 모두가 하나의 음을 내는 곳도 아니고 혼자 노래자랑을 하는 곳도 아니다. 교회는 하나님의 지휘 아래 아름다운 하모니를 이루는 곳이다. 다양한 음들이 모여 아름다운 하모니를 이루기 위해 필요한 건 목소리를 높이는 게 아니다. 하모니는 소리를 낮추는 데에서 시작된다.

<u>나를 낮추기 위해</u>
<u>우리에게 필요한 건 하나다.</u>

<u>나의 목소리에 집중하지 말고,</u>
<u>지휘자인 하나님의 지휘에 집중하자.</u>

나와 맞는 사람이 세상에 어딨니?

한 연예인이 인간관계에 대한 자신의 철학을 말했다.

"저는 굳이 나와 맞지 않는 사람과 잘 지내려고 노력할 필요는 없다고 생각해요. 차라리 그 시간에 나와 맞는 사람들에게 집중하는 게 더 낫죠."

그 말을 들으며 생각했다.

'평생을 같이 살아온 가족과도 안 맞을 때가 많은데, 세상에 나와 찰떡같이 맞는 사람이 과연 존재할까?'

물론 나와 잘 맞는다고 생각하는 사람이 있을 수는 있다. 하지만 그 사람은 정말 나와 잘 맞는 사람이기보다 나에게 맞춰 주기 위해 노력하고 있는 사람일 것이다.

나와 찰떡같이 맞는 사람은 존재하지 않는다. 처음에는 완벽하게 맞는 것 같은 사람도 시간이 흐르면 다른 점이 보이고, 맞지 않는 점들이 보인다. 이때부터는 관계를 지속하기 위한 노력과 배려가 필요하다.

나와 맞는 사람하고만 잘 지내려 한다면 우리는 그 누구와도 잘 지낼 수 없다. 인간관계는 잘 맞는 사람을 찾아다니는 게 아니다. 다양한 사람들과 함께 어울리며 맞춰 가는 법을 배우는 것이 인간관계다. 하지만 인간관계는 어느 한쪽의 노력으로만 이루어지지 않는다. 반쪽짜리 노력은 결국 한 사람만 지쳐 쓰러지게 할 뿐이다. 건강한 관계를 위해서는 서로가 노력해야 한다.

예수님은 나와 잘 맞는 사람을 찾아 그들과 함께하라고 말씀하시지 않았다. 예수님이 말씀하신 인간관계의 기본은 서로가 사랑하고 희생하는 관계였다. 예수님은 세상에 결코 나와 완벽하게 맞는 사람은 없다는 걸 잘 알고 계셨다. 서로가 사랑하고, 배려하며, 희생하기 위해 노력할 때 관계는 더욱 아름다워진다.

예수님이 말씀하신 관계는 단순히 둘만의 이야기가 아니

다. 다양한 색깔의 물감이 있을 때 더 화려하고 멋있는 작품이 나오듯이, 다양한 사람들이 서로를 위해 노력할 때 하나님 나라는 더욱 아름답게 빛난다.

> 인간관계의 시작은
> 나와 잘 맞는 사람을 만나는 것에 있지 않다.
>
> 진정한 관계는
> 내가 먼저 잘 맞는 사람이 되어 주는 것에 있다.

죽어도
화해하긴 싫어요

어릴 적부터 수없이 들어왔던 "먼저 사과해"는 어른이 되면서 가장 어려운 일이 되었다. 어릴 때야 먼저 사과하면 착하다고 선생님이 칭찬해 주기라도 했지, 지금은 먼저 사과라도 하면 칭찬은커녕 억울함과 초라함만 밀려온다.

"나 혼자 잘못한 것도 아닌데, 왜 내가 먼저 사과해야 돼?"

화해는 어느새 가장 자존심 상하는 행동 중 하나가 되어 버렸다. 그렇게 화해가 어려워질수록 우리 주변에는 이도 저도 아닌 어색한 관계가 늘어만 간다. 김미경 강사는 이렇게 말했다.

"평생을 혼자 살게 아니라면 우리에겐 관계가 필요하고,

관계를 유지하기 위해선 화해가 필요해요. 화해를 하려면 어쩔 수 없이 누군가는 먼저 손을 내밀어야 해요. 그렇다면 누가 먼저 손을 내밀어야 할까요? 바로 자존감이 높은 사람, 자기 자신을 더 사랑하는 사람이 상대방에게 먼저 손을 내밀고 화해할 수 있어요."

김미경 강사의 말을 들으며 예수님의 가르침이 생각났다. 예수님께서도 비슷한 말씀을 하시지 않았던가? "너희가 먼저 용서하라, 먼저 사랑하라, 먼저 섬겨라." 하지만 이런 말들을 들을 때면 머리로는 알면서도 속으로는 이렇게 생각했다.

'예수님도 너무하시지. 내가 호구인가? 세상에서 그렇게 사는 게 얼마나 어리숙하고 바보 같은 짓인데…'

예수님의 말씀 뒤편에는 자존감이 있었다. 그러나 예수님의 자존감은 세상이 말하는 자존감과는 다른 자존감이었다. 그것은 하나님의 사랑 안에 나의 존재를 세우고 있는 사람만이 누릴 수 있는 자존감이었다.

하나님의 사랑에 나의 존재를 세운 사람들은 내가 먼저 사과한다는 것 따위에 자존심 상해하지 않는다. 내가 어떤 용서와 사랑을 받았는지 알기에, 나에게 먼저 화해의 손을 내

미신 하나님이 있기에, 먼저 사과한다고 자존심 상해할 필요가 없는 것이다.

> 먼저 화해하는 건 바보 같은 일이고
> 자존심 상하는 일일 수 있다.
>
> 하지만 하나님의 사랑 위에 나의 존재를
> 세우고 있다면 먼저 화해의 손을 내밀어도
> 내 자존감은 무너지지 않는다.

이웃 사랑,

도대체 어떻게 하라는 거야?

기독교인이라면 누구나 이웃을 사랑하라는 예수님의 말씀을 잘 안다. 하지만 어떻게, 어디까지 사랑해야 하는지에 대해서는 갈피를 잡지 못한다. 단순히 이웃에게 친절한 것을 것을 넘어 사랑하는 건 다른 문제다. 사랑은 우리에게 더욱 큰 헌신과 희생을 요구한다.

예수님의 말씀을 따라 이웃을 사랑하기 위해 노력해 보지만 쉽지 않다. 사랑해서 만난 연인도 온전히 사랑하기 힘든데 이웃을 사랑한다는 건 아예 불가능해 보인다. 어떤 이는 이린 자신의 모습에 실망하며 자책감에 시달리고, 어떤 이는 이웃을 사랑해야 한다는 압박감 속에서 정작 자신을 제대로 사랑하지 못하기도 한다. 이런 모습들은 이웃 사랑에 대한 오해와 자만에서 나온다.

예수님이 우리를 구원하신 이유는 우리가 완벽해서도 아니고, 예수님의 말씀을 완전하게 지킬 수 있는 능력이 있어서도 아니다. 예수님이 목숨을 내놓으면서까지 우리를 구원하신 이유는 우리가 그분께 너무나 사랑스러운 존재였기 때문이다. 그러므로 우리가 이웃을 사랑하지 못한다는 죄책감과 자책감에 빠져 자신을 사랑하지 못하는 건 예수님이 원하시는 모습이 아니다.

그렇다면 이웃을 사랑하라는 예수님의 말씀은 남들보다 조금 더 사랑하기 위해 노력하라는 말 정도였던 걸까?

예수님은 분명 우리가 어느 정도껏 사랑하는 것을 넘어 진정으로 이웃을 사랑하기를 원하셨다. 그렇다면 우리의 한계와 자책감 그리고 자신을 원망하는 이 악순환에서 벗어나 이웃을 진정으로 사랑할 수 있는 방법이 과연 있기는 한 걸까?

예수님은 말씀하셨다.

"네 이웃을 **네 자신**과 같이 사랑하여라."

예수님이 원하신 이웃 사랑은 나를 망가뜨리면서 하는 사랑이 아니었다. 그 사랑은 예수님을 통해 나를 더 사랑하는 것만큼 할 수 있는 사랑이었다.

> 내가 얼마나 사랑받는 존재인지를 알고
> 나를 더 사랑하게 되는 만큼
> 이웃을 더 사랑하는 것.
>
> 이것이 예수님의 이웃 사랑이다.

원수까지 사랑하란 말은
말아 주세요

원수까지 사랑해야 한다는 말을 들으면 가슴이 답답해지고 식은땀이 난다. 동시에 머릿속에선 온갖 생각이 들기 시작한다.

'그 인간을 사랑하라고? 그건 도저히 안 될 거 같은데. 왜 예수님은 불가능한 말씀을 하셔서 자꾸 마음만 힘들게 하시지? 그냥 신경 끄고 네 인생을 살라고 말씀해 주셨으면 좋았을 텐데….'

한때는 불같이 사랑했던 사람도 원수가 되는 세상에서 원수를 사랑하라는 예수님의 가르침은 불가능한 이야기로 들린다. 하지만 예수님은 우리가 원수까지도 진정 사랑하기를 원하신다. 예수님이야말로 사랑 그 자체니까.

원수를 사랑하라는 말이 불가능해 보이는 이유는 지금 당장 그 사람을 온 마음을 다해 사랑해야 한다고 생각하기 때문이다. 박원의 〈노력〉이라는 노래에는 이런 가사가 나온다.

"사랑을 노력한다는 게 말이 되니."

오늘날 사람들이 사랑에서 가장 중요하게 생각하는 것은 마음이다. 그렇다면 노래의 가사처럼 사랑을 노력한다는 것은 말도 안 되는 이야기다. 하지만 사랑은 마법처럼 갑자기 '뽕' 하고 생기는 감정이 아니다. 사랑하기 때문에 하는 사랑도 있지만, 사랑해야 하기 때문에 하는 사랑도 있다.

어느 부모에게나 자녀는 가장 큰 사랑의 대상이다. 하지만 자녀라고 해서 매번 사랑스럽지는 않다. 가장 큰 사랑을 안겨 주는 사람도 자녀이지만, 동시에 가장 큰 상처를 주는 존재도 자녀다. 그럼에도 자녀를 향한 부모의 사랑은 변하지 않는다. 때론 미워도 사랑해야 하는 게 자식이니까. 그렇게 자녀를 향한 부모의 사랑은 뜨거운 감정을 넘어 때론 인내로, 때론 잔소리로, 때론 눈물로 나온다.

여기서 우리는 또 다른 사랑의 모습을 본다. 꼭 가슴 뛰듯이 사랑하지 않아도 오래 참고, 온유하게 대하며, 배려하고, 참고 견디며, 무례하게 대응하지 않는 것도 사랑이다.

원수 사랑은 대단한 것에서 시작되지 않는다.

이미 당신이 누군가에게 하고 있을 행동을
조금씩 늘려 나가는 것,
그것이 원수를 사랑하는 법이다.

"사랑은 오래참고, 사랑은 온유하며, 시기하지 아니하며, 사랑은 자랑하지 아니하며, 교만하지 아니하며, 무례히 행하지 아니하며, 자기의 유익을 구하지 아니하며, 성내지 아니하며, 악한 것을 생각하지 아니하며, 불의를 기뻐하지 아니하며, 진리와 함께 기뻐하고, 모든 것을 참으며, 모든 것을 믿으며, 모든 것을 바라며, 모든 것을 견디느니라."

(고전 13:4-7)

저런 인간과 내가 하나라고?

저런 인간과 내가 하나라고?

저런 인간과 내가 하나라고?

사회생활과 학교생활, 그리고 교회생활을 힘들게 만드는 공통적인 이유가 하나 있다. 바로 사람이다. 나와 너무나 다른 사람과 같은 공간에서 일정 시간을 함께 보내야 하는 것만큼 힘든 일도 없다. 하지만 여기서 벗어날 방법도 없다. 우리는 어디를 가든 나와 다른 사람을 매번 마주친다.

비록 생각이 다르고, 가치관이 다르고, 생활방식이 다르며, 정치적 입장이 달라도 그 사람을 친절하게 대할 수는 있다. 하지만 적당히 친절하고, 적당히 배려하며, 적당히 좋은 사이를 유지하는 것과 하나가 되는 것은 다르다. 우리는 굳이 나와 다른 사람과 하나가 되어야 할 필요는 느끼지 못한다.

이런 우리를 향해 성경은 이해할 수 없는 이야기를 한다. 그 어떤 공통점도 없는 저 사람과 내가 하나라는 것이다. 하지만 아무리 생각해 봐도 어떻게 저 사람과 내가 하나인지 알 수 없다.

나의 정체성을 윤리적 행동이나 가치관, 국가와 문화, 정치적 입장에서 찾는다면 우리는 다른 사람과 내가 하나라는 걸 결코 받아들일 수 없다. 상대방을 향해 친절한 웃음을 보낼 수는 있어도 하나라는 건 용납되지 않는다.

복음은 우리가 그 어떤 특별함이나 행동, 윤리, 가치관, 문화, 정치적 입장과 상관없이 오직 하나님의 은혜로만 구원받았다는 이야기다. 이 사실은 아무런 공통점도 없어 보이는 타인과 나 사이에 가장 큰 공통점을 가져다준다. 우리는 모두 하나님의 은혜로 구원받은 죄인들이다.

이 사실을 깨달을 때 우리의 정체성은 완전히 바뀐다. 그리고 이전까지는 그 어떤 공통점도 없고, 절대 하나가 될 수 없다고 생각한 사람과 내가 하나라는 사실이 보이기 시작한다. 분명 나와는 너무나 다른 사람이지만 그렇다고 완전히 다른 사람도 아니다. 모난 부분이 있지만 꼭 그것만 있지도 않다.

저 사람도 나도 은혜로 구원받은 죄인이기에 상대방의 허물과 약점을 이해하려고 노력한다. 그렇게 무조건 다른 줄만 알았던 사람이 실은 나와 공통점을 가진 존재라는 걸 알아 간다.

> 나와 너무나 다른 사람과 하나가 된다는 건
> 분명 어려운 일이다.
>
> 하지만 불가능한 것도 아니다.
>
> 내가 하나님께 무엇을 받았는지 알 때,
> 우리는 나와 같은 사랑을 받은 그 사람과
> 하나가 되어 간다.

교회 다니는 사람들은 모두
가식 덩어리야

전에 만났던 남자친구가 헤어질 때 이렇게 말했다고 한다.

"넌 가식 덩어리야. 교회 다닌다고 하면서 착한 척하고 있는 거에 불과해."

교회를 다니지 않았던 형제와 이별한 한 자매의 이야기다. 하나님을 믿으며 세상과는 다른 방식으로 살기 위해 노력하는 우리를 향해 가끔 사람들은 말한다.

"왜 자기 혼자 깨끗한 척이야? 저것 봐, 저게 진짜 모습이면서⋯ 가식 덩어리!"

이런 이야기를 들을 때면 우리는 내가 정말 가식 덩어리는 아닐까 하는 좌절감과 회의감에 빠진다. 그래서인지 사람들은 자신이 교회에 다닌다는 사실을 숨기기도 한다. 괜히 교회 다닌다는 걸 알려 봐야 부담만 되고, 어떤 행동을 해도 결국 오해를 살 게 뻔하니까.

하지만 착한 척하는 것과 하나님이 원하는 방식으로 살기 위해 노력하는 것은 다르다. 하나님이 우리에게 원하시는 것은 착한 것이 아니라 하나님의 자녀로 살아가는 것이다.

하나님이 우리를 구원하신 이유는 착해서가 아니라 사랑하기 때문이다. 우리는 모두 연약함 많은 죄인들이지만 하나님의 사랑으로 구원받았고 그분의 자녀가 되었다. 이 놀라운 사랑을 깨달을 때 우리는 하나님의 자녀처럼 살기 위해 노력하기 시작한다.

물론 여전히 부족하고, 넘어지고, 실수하며, 때론 실패하지만 그래도 포기하지 않는다. 중요한 건 '얼마나 완벽하게 사는가'보다 '얼마나 하나님의 자녀답게 살아가는가'에 있으니까. 그게 착한 척으로 보일 수는 있지만 착한 척하는 게 과연 나쁜 일일까? 그렇다면 가식 따윈 집어치우고 내가 하고 싶은 대로 살아가면 인정받을 수 있을까?

사람에게 잘 보이는 것은 중요하다. 하지만 우리의 진가를 사람들이 다 알 수는 없다. 하나님의 사랑을 안 사람들은 사람들에게 잘 보이기 위해 살지 않고 하나님을 위해 살아간다. 그리고 하나님을 위해 살아갈 때 우리는 사람들에게도 점차 좋은 사람이 되어 간다.

<u>크리스천은 착한 척하는 자들이 아니다.</u>

<u>크리스천은 은혜로 구원받은 죄인이
하나님이 자녀로 살아가는 법을
배워 가는 사람들이다.</u>

당신이 교회 공동체에
실망하는 이유

많은 사람들이 교회 공동체에 실망하는 이유 중 하나는 건강한 교회 공동체를 찾기 때문이다.

건강한 교회 공동체를 꿈꾸는 것은 너무나 중요하다. 하지만 내가 생각하는 건강한 교회가 완벽한 교회는 아니다. 내가 원하는 건강한 교회 공동체를 찾는 순간, 우리는 그런 곳을 찾을 수 없을 뿐 아니라 그 어떤 교회 공동체에도 만족할 수 없게 된다. 당신이 찾는 그런 건강한 교회는 세상에 없으니까.

그렇다면 건강한 교회에 대한 꿈은 포기해야 하는 환상인 걸까?

우리는 당연히 건강한 교회를 꿈꾸어야 한다. 하지만 건강한 공동체의 기준은 나에게 있지 않다. 건강한 교회는 내가 원하는 교회가 아니라 하나님이 원하시는 교회다.

하나님이 원하시는 교회는 무엇일까?

하나님은 우리가 건강하고 완벽하기 때문에 교회로 부르신 것이 아니다. 건강하지 못한 죄인들이 은혜로 구원받은 곳이 곧 교회다. 하나님은 우리가 공동체 안에서 하나님께 받은 사랑대로 서로를 사랑하기 원하셨다. 하나님이 원하시는 공동체는 내가 받은 사랑을 서로 연습하고 익히는 공동체였다.

미국에서 인종차별을 반대하는 시위대와 백인 우월주의자들 사이에 충돌이 일어난 적이 있다. 이 과정에서 한 백인 우월주의자가 그만 반대 시위대에게 둘러싸이게 되었다. 인종차별을 반대하고 평화를 외치던 사람들은 그를 향해 분노하고 있었고 긴장감과 위험이 고조되고 있었다. 그때 시위대 중 한 사람이 그 가운데로 뛰어들어 그를 업고 다른 곳으로 대피시켰다. 평화를 외쳤지만 정작 현실은 분노로 가득 차 있던 시위대 속에서 그 사람은 진짜 평화가 무엇인지를 몸으로 보여 주었다.

우리는 건강한 공동체를 외치지만 정작 공동체 안에서 하나님이 원하시는 사랑은 하지 않는다. 그러나 건강한 교회 공동체를 위해 필요한 것은 말뿐인 외침이 아니다. 하나님이 원하시는 건강한 교회를 위해 우리에게 필요한 것은 외침을 넘어선 사랑의 실천이다.

<u>결국 당신이 먼저 사랑을 실천하지 않는다면,
건강한 교회 공동체는 이루어질 수 없다.</u>

PART 5 보통의 질문들: 믿음

세상이 왜 이래?

만약 우리가 살아가는 세상에 그 어떤 아픔도, 슬픔도, 고통도, 이별도 없다면 그곳은 천국이 아닐까? 하지만 안타깝게도 우리가 살아가는 세상은 천국이 아니다. 세상에는 아픔도, 슬픔도, 고통도, 이별도 존재한다. 그리고 이런 것들이 삶을 위협할 때 우리는 세상이 어딘가 잘못되어 있다는 걸 새삼 깨닫는다.

하나님은 세상의 문제들을 통해 하나님을 떠난 세상은 결코 천국이 아니라는 것을 알게 하신다. 하나님 없는 세상이 천국이 될 수 없다는 것을 알 때 우리는 비로소 하나님 나라를 소망한다. 우리는 하나님이 마법처럼 내 인생의 문제를 해결해 주시기 원하지만 하나님은 그렇게 하지 않으신다. 내 문제만 해결되고 나만 잘 사는 세상은 결코 천국이 아니다.

영화배우 차승원은 평범한 삶에 대해 이렇게 말했다.

"제 주변에 있는 사람들이 평범하지 않은 삶을 사는데 저 혼자 평범한 삶을 산다면 그게 정말 평범한 삶일까요? 오히려 그건 전혀 평범하지 않은 삶 아닌가요?"

차승원의 말처럼 우리 주변의 수많은 사람들은 여러 문제로 아파하고 있는데 나만 아무 문제 없이 살아간다면 그건 이상한 세상이다. 모든 사람들이 문제에서 벗어날 때 진짜 평범한 삶은 시작된다.

이런 세상이 과연 가능할까?

가능하다. 문제 가득한 세상을 고치고 회복하기 원하신 하나님은 직접 세상 속으로 뛰어드셨다. 문제 가득한 세상 속에서 예수님도 문제를 안고 아픔과 슬픔, 고통과 이별 그리고 죽음을 경험하셨다.

세상의 고통과 문제에 시달리는 예수님을 보며 사람들은 절망했다. 예수님이 죽음에 이르렀을 때 사람들은 소망을 완전히 잃었다. 하지만 다시 살아나신 예수님은 문제 가득한 세상에 새로운 소망이 어디에 있는지를 보여 주셨다. 예수님의 부활은 나만 문제가 없는 세상이 아니라 모두의 문제가 사라질 세상이 존재한다는 것을 알려 주는 신호탄이었다.

하나님이 원하시는 건 내 삶의 문제만 갑자기 '뿅' 하고 사라지는 게 아니다.

> 하나님의 소망은 모든 문제가 사라질 하나님 나라의 완성에 있다.
>
> 하나님은 지금도 그날을 소망하신다.

흔들리지 않는
믿음을 가지고
싶다면

"어때? 괜찮지?"
"아니요. 아파요."

단기선교를 간 중등부 학생 중 처음으로 비행기를 탄 아이가 있었다. 아이는 첫 비행에 대한 두려움과 낯섦 때문인지 비행 내내 기압 때문에 힘들어했다. 나는 이륙한 순간부터 도착할 때까지 한숨도 못 자고 계속 아이를 신경 쓸 수밖에 없었다.

어느새 한국으로 돌아오는 날. 피곤한 몸을 이끌고 비행기에 타 당장이라도 단잠을 자고 싶었지만 그 아이가 힘들어한다면 불가능할 일이었다. 공항에서 어떤 방법이 없을까 고민하던 난 알약 비타민을 하나 가지고 와 아이에게 주며 말했다.

"이거, 효과 진짜 좋은 약이래. 아주 비싼 거야. 이거 먹으면 아무렇지도 않을 거야."

아이는 그 말을 어떤 의심도 없이 확고하게 믿었다. 비행기가 이륙하고 잠이 들기 전 나는 아이가 괜찮은지 확인해 보기 위해 뒤를 돌아 안부를 물었다. 아이는 고통스러운 얼굴을 하며 말했다.

"아파요."

하나님을 잘 믿는다는 건 무엇일까? 간혹 사람들은 잘 믿는다는 것을, 그 어떤 의심과 흔들림 없이 확고하게 믿는 거라고 생각한다. 마치 확고한 믿음만 가지고 있다면 무엇이든 불가능한 일은 없을 것처럼 이야기한다. 하지만 아무리 확고한 믿음을 가지고 비타민을 먹어도 두통은 낫지 않는다. 두통에 필요한 것은 믿음으로 먹는 비타민이 아니라 진통제다.

확고한 믿음보다 더 중요한 건 정확한 믿음의 내용이다. 아무리 열심히 믿어도 잘못된 것을 믿으면 아무 소용 없다.

번지점프를 할 때 사람들은 크게 두 부류로 나뉜다. 혹시라도 내 몸을 묶고 있는 줄이 끊어질까 두려워하는 사람과, 적어도 나는 괜찮을 거라고 안심하는 사람. 하지만 둘 다 중요하지 않다. 줄이 끊어질까 두려워한다고 줄이 끊어지는 것도 아니고, 나는 괜찮을 거라고 안심한다고 해서 안전한 것도 아니다.

중요한 것은 내 발목을 묶고 있는 밧줄이 얼마나 튼튼한가에 있다. 하나님을 믿는 믿음도 마찬가지다. 믿음에서 중요한 것은 그 어떤 의심도 없이 확고하게 믿는 게 아니다. 중요한 것은 '내가 믿는 하나님이 어떤 분인가'이다.

> 비록 나의 믿음이 연약하고 흔들린다고 해도
> 내가 믿는 하나님이 나를 위해
> 자신의 목숨까지 아끼지 않은 분이라면
> 우리는 작은 믿음으로도 충분히 안전하다.

수고하고 무거운 짐을 지고
살아가는 이들에게

사람들이 수고하고 무거운 짐을 지고 사는 이유는 그것을 내려놓는 법을 몰라서가 아니다. 내가 지고 있는 무거운 짐을 내려놓는 순간, 삶의 가치와 의미가 사라질까 두려워하기 때문이다. 그렇게 사람들은 무거운 짐을 자발적으로 들고 살아간다.

무거운 짐은 단순히 삶의 무게와 인생의 근심, 걱정이 아니다. 나에게 가치를 안겨 주고, 삶의 의미를 주는 것들도 무거운 짐이다. 누군가에겐 돈이, 누군가에겐 명예가, 누군가에겐 사람들의 인정과 사랑이, 혹은 내가 이루고자 하는 꿈과 목표가 무거운 짐이 된다.

그것들을 짊어지고 사는 것은 분명 수고스럽고 힘든 일이지만 포기할 수는 없다. 포기하는 순간 나는 아무것도 아닌 사람이 되어 버리니까. 그래서일까? 예수님은 무거운 짐을 지는 사람들에게 이제 그만 내려놓으라고 말씀하시지 않았다.

"무거운 짐을 지고 내게 오거라."

예수님의 말씀은 내 삶의 가치와 의미를 예수님 안에서 찾으라는 초청이었다. 이 예수님의 초청 속에서 우리는 진정한 쉼을 발견한다. 예수님 안에 있을 때 우리는 내 삶의 의미와 가치를 잃어버리진 않을까 걱정하며 무거운 짐을 질 필요가 없다. 나를 대신해 십자가라는 가장 수고스럽고 무거운 짐을 지신 예수님이 우리가 얼마나 가치 있고 의미 있는 존재인지를 증명해 주셨으니까.

우리는 사랑의 역설을 안다. 사랑은 항상 더 많이 사랑하는 사람이 진다. 부모 이기는 자식은 있어도, 자식 이기는 부모는 없다. 더 사랑하기에 져준다. 예수님은 져주는 것을 넘어 우리를 위해 죽으셨다. 십자가는 모든 것을 뛰어넘는 사랑이다. 이 예수님의 사랑 안에서 내 삶의 가치와 의미를 발견한 사람은 잔뜩 들고 있던 인생의 무거운 짐을 내려놓는다. 그리고 예수님 안에서 참된 쉼을 발견한다.

수고하고 무거운 짐을 지고
살아가는 우리에게 필요한 건
짐을 내려놓는 방법이 아니다.

내 짐을 대신 지어 주실 예수님이다.

나를 향한

하나님의 뜻은

도대체 무엇일까?

"하나님의 뜻이 무엇인지 제발 알려 주세요. 그러면 순종할게요."

사실 이 기도에 담긴 의미는 '순종하면 뭐가 좋아요? 그거 알려 주시면 순종할 수 있어요'이다. 하나님의 뜻을 묻지만 정작 그 뒤에는 손해 보거나 실패하기 싫은 마음이 담겨 있다. 그래서 사람들은 순종할 때 내가 무엇을 얻을 수 있는지 알기 위해 하나님의 뜻을 찾는다. 그리고 하나님의 뜻이 나에게 손해로 보일 때면 협상이 시작된다.

"그건, 저에게 너무 부당한 거 같아요. 적어도 이 정도까지는 해주셔야죠."

결국 우리가 알기 원하는 것은 하나님의 뜻이 아니다. 우리는 하나님의 뜻이 최대한 내 뜻과 같기를 원한다.

하나님의 뜻을 알아야 순종하겠다는 기도는 믿음의 기도가 아니다. 정말 우리가 하나님을 믿는다면 하나님의 뜻을 다 알지 못해도 순종하려 할 것이다. 계산기를 두드리고 난 후 내린 순종과 믿음으로 따르는 순종은 다르다.

하나님은 아브라함을 향해 말씀하셨다.

"내가 너에게 보여 줄 땅으로 가라."

하나님은 낯선 땅으로 아브라함을 보내시며 그 땅이 어떤 곳인지 보여 주지 않으셨다. 아브라함은 그 땅에 무엇이 있고, 그곳에서 무엇을 얻을 수 있으며, 자신의 인생에 어떤 일이 일어날지 볼 수 없었다. 하나님은 아브라함을 향해 그저 '보여 줄' 땅으로 가라고 하실 뿐이었다.

아브라함은 하나님의 뜻을 알지 못했지만 순종했다. 하나님의 순서는 분명 우리의 기대와는 다르다. 우리는 보여 주고 알려 주면 순종하겠다고 하지만, 하나님은 믿고 갈 때 비로소 보게 되고 알게 된다고 말씀하신다.

모든 걸 다 알고 간다면 굳이 믿음과 신뢰는 필요하지 않을 것이다. 그건 내가 원하는 대로 선택할 수 있는 기호일 뿐이다. 믿음은 내 입맛에 맞게 선택하는 기호가 아니다.

하나님은 우리가 선택할 수 있는 여러 옵션 중에 하나가 되기를 원하지 않으신다. 하나님은 우리의 전부가 되기를 원하신다. 그래서 하나님은 뜻을 보여 달라는 우리를 향해 믿고 따라오라고 말씀하신다.

오늘날에도 여전히 하나님께서 우리에게 요구하시는 것은 동일하다.

>하나님을 신뢰하고 순종할 때
>우리는 비로소 하나님의 뜻을 알게 된다.

사랑하고 싶지만 사랑할 수 없는
당신

하나님을 아무리 사랑하려 해도 사랑하기 어려운 이유는 하나님을 사랑하려고 '노력하기' 때문이다. 사랑하려는 노력 자체가 잘못된 것은 아니다. 하지만 능력과 한계가 분명한 우리가 하나님을 사랑하려고 노력하면 문제가 생긴다. 주변에 있는 사람은 물론, 나도 제대로 사랑하기 어려운 우리가 하나님을 사랑한다는 건 불가능하다.

하나님을 사랑하려 노력할수록 우리는 사랑하지 못하는 내 모습에 실망하고 좌절하다 결국 포기하고 만다. 이런 우리의 한계를 누구보다 잘 알고 계셨을 텐데 왜 하나님은 우리에게 사랑하라고 하셨을까?

하나님이 원하시는 사랑은 우리가 주는 사랑이 아니다. 하

하나님은 사랑받고 싶어서 우리에게 하나님을 사랑하라고 하지 않으셨다. 사랑 그 자체이신 하나님은 굳이 우리의 사랑을 받으실 필요가 없다. 하나님이 우리에게 사랑하라고 하신 이유는 우리가 하나님의 엄청난 사랑을 알고 누리기를 원하셨기 때문이다.

짝사랑은 결코 완전한 사랑이 아니다. 사랑은 서로가 사랑할 때 비로소 완성된다. 하나님이 우리에게 사랑을 원하시는 이유도 마찬가지다. 하나님은 혼자만의 일방적인 사랑이 아니라 서로가 함께하는 완전한 사랑을 원하신다. 이 사랑이 시작되기 위해서는 반드시 누군가가 먼저 사랑을 시작해야만 한다. 이 일을 하나님이 하셨다.

우리가 하나님을 사랑할 수 있는 이유가 여기에 있다. 하나님이 먼저 우리를 사랑하셨다. 그것도 너무나 많이 사랑하셨다. 하지만 하나님은 우리를 향한 사랑이 일방적인 사랑으로 끝나기를 원하지 않으셨다. 사랑은 구걸이 아니다. 한쪽이 애걸복걸한다고 해서 사랑은 이루어지지 않는다. 사랑은 나를 향한 상대방의 사랑을 알고 거기에 반응하는 것으로부터 시작된다. 하나님은 우리가 하나님의 사랑을 알고 함께 사랑하기를 원하셨다.

누군가는 말한다.

"아무리 그래도 제가 감히 하나님을 사랑할 수 있을까요?"

하나님은 이미 당신의 모든 것을 다 알고 계셨음에도 불구하고 오직 사랑 때문에 당신을 위해 죽으셨다. 그러므로 하나님이 원하시는 건 오직 하나다.

> 이 놀라운 사랑에 우리가 감격하며 반응하는 것,
> 이것이 하나님을 사랑하는 법이다.

지혜는 소스통 뚜껑과 같다

요리에 들어갈 소스 뚜껑이 열리지 않자 여성 참가자는 당황하기 시작했다. 통을 붙잡고 열기 위해 안간힘을 다했지만 뚜껑은 꿈쩍도 안 했다. 그 순간 참가자는 갑자기 방청객에 있는 한 남자에게 달려갔다. 남자는 건네받은 통을 붙잡고 금세 뚜껑을 열어 참가자에게 전해 줬다. 참가자는 남자를 안으며 말했다.

"고마워요, 아빠."

일반적으로 지혜는 내가 얼마나 똑똑하고 뛰어난가에 대한 이야기다. 사람들은 처세술에 능하거나, 어떤 일을 슬기롭고 창의적으로 해내는 것을 볼 때 지혜롭다고 말한다. 하지만 기독교에서 말하는 지혜는 우리의 행동이나 처세에 대한 이야기가 아니다. 지혜는 하나님과 우리의 관계에 대한 이야기다.

투자자들 사이에서 유행하는 격언 중 하나는 "당신이 무엇인가를 안다고 생각할 때가 가장 위험할 때다"라는 말이다. 이 말은 어떤 일이 결코 예측대로 흘러가지 않는다는 것을 보여 준다. 경제뿐만 아니라 우리 삶도 마찬가지다. 이제는 좀 알 것 같다고 생각할 때마다 전혀 예상치 못한 일들이 우리를 당혹스럽게 만든다. 아무리 철저하게 계획을 세우고 만반의 준비를 해도 생각지도 못한 일들이 찾아온다. 그리고 이런 일들이 찾아올 때 우리는 나의 지혜가 얼마나 보잘것없는지를 깨닫는다.

나의 힘으로는 뚜껑을 열 수 없다는 사실을 안 참가자가 아빠를 찾아가 도움을 요청한 것처럼, 나의 지혜가 부족하다는 것을 알 때 우리는 비로소 지혜로운 하나님을 찾아가 의지한다. 비록 지금 당장은 다 이해할 수 없고, 알지 못해도 지혜로운 하나님께는 계획이 있다.

이 사실이 마음에 들지 않는다면 이유는 하나다. 여전히 내가 하나님보다 더 지혜롭다고 생각하기 때문이다. "하나님, 이건 아니잖아요? 제 생각에 이건 옳지 않아요." 하지만 솔직히 내 생각과 계획이 제대로 맞은 적이 얼마나 있었던가? 나의 잘못된 선택에 후회한 적이 얼마나 많았던가? 결국 하나님이 나보다 훨씬 더 지혜로우신 분이라는 걸 인정할 때 우리는 비로소 인생의 혼란 속에서도 당황하지 않을 수 있다. 그리고 우리는 언젠가 하나님의 지혜에 놀라게 될 것이다.

> 내가 어떤 존재인지를 알고
> 하나님이 어떤 분인지를 아는 것,
>
> 지혜는 여기에 있다.

하나님 믿으며
사는 건
너무 힘들어

몇 년간의 고생 끝에 드디어 취업에 성공한 청년에게 물어보았다.

"입사 전까지 뭐할 계획이야? 여행?"
"아니요. 업무와 관련된 공부를 조금 더 하려고요. 일하기 전에 미리 더 알아 두면 좋을 거 같아서요."
"또 공부를 한다고? 지겹지 않아?"

청년은 해맑게 웃으며 대답했다.

"저, 합격했잖아요. 이젠 압박감 때문에 하는 게 아니라 원해서 하는 거라 좋아요."

사람들은 하나님을 믿고 살아가는 삶을 수많은 압박을 버티고 견디는 힘든 삶으로 생각한다. 만약 구원이 취업시장처럼 하나님의 면접을 통과한 사람만 합격할 수 있는 것이라면 힘들고 고된 삶일 것이다. 만약 통과했다 해도 언제 다시 해고 통보를 받을지 모른다는 두려움 때문에 항상 긴장하며 살아가야 할 것이다. 그렇게 출근 날 아침 회사 가기 싫은 직장인처럼, 신앙은 고달픈 인생살이로 전락한다.

구원은 시험과 면접을 통과한 사람만 들어갈 수 있는 취업시장이 아니다. 하나님은 우리에게 은혜라는 합격 통지서를 주셨다. 그러므로 하나님 나라에 들어가기 위해 우리에게 필요한 건 오직 하나다. 그것은 이 사실을 인정할 수 있는 믿음이다. 이 사실을 믿을 때 우리는 합격해야 한다는 압박감과 부담감에서 벗어난다. 그리고 하나님 나라에 입사한다.

일 잘하는 사람은 적당히 월급만 받으며 시간을 때우는 사람이 아니다. 그런 사람을 좋아할 사람은 없다. 그 사람 때문에 누군가는 반드시 피해를 보기 마련이니까. 진짜 일 잘하는 사람은 내가 맡은 일에서 의미를 발견하고, 즐거움을 누리며, 사람들과 좋은 관계를 맺고, 자신도 성장할 줄 아는 사람이다.

믿음도 마찬가지다. 하나님을 사랑하는 사람은 구원받았다고 적당히 살아가지 않는다. 좋은 믿음은 반드시 하나님 안에서 의미를 발견하고, 즐거워하며, 성장하는 것으로 나타난다. 이 모든 과정은 더 이상 부담이 아니다. 우리는 이미 취소될 수 없는 합격 통지서를 받은 인생이니까.

<u>은혜로 합격한 인생에게</u>
<u>하나님을 배우고 알아 가는 과정은</u>
<u>즐거움이고 기쁨이다.</u>

순종하기 너무 어려워

만약 목숨을 위협하는 치명적인 병에 걸렸다고 해보자. 당신은 병을 고치기 위해 작은 동네 병원에 가지는 않을 것이다. 심각한 병에서 낫기 위해 당신이 해야 할 일은 그 분야에서 가장 권위 있는 전문가를 찾아가 그의 처방을 따르는 것이다. 의사의 처방이 아무리 힘들고 버거워도 당신은 그 모든 지침을 따르기 위해 노력하며 인내해야 한다. 왜냐하면 그가 당신의 병과 치료법에 대해 가장 잘 알고 있는 권위자니까.

예수님은 그저 뛰어난 전문가나 탁월한 선생님이 아니다. 예수님을 만나고 경험한 수많은 사람들은 한결같이 이렇게 고백했다.

"당신은 하나님의 아들입니다."

예수님이 하나님의 아들이라는 사람들의 고백은 예수님이 세상에서 가장 권위 있는 분이라는 것을 보여 준다. 권위자는 단순히 우리의 부탁이나 기도를 들어주는 사람이 아니다. 오히려 권위자의 가르침과 명령에 따라야 하는 건 바로 우리다.

그런데 정작 예수님의 모습은 권위와는 거리가 멀었다. 예수님은 발가벗겨진 채 너무도 초라한 모습으로 십자가에 매달려 죽으셨다. 이유는 오직 하나, 우리를 위해서였다. 상상할 수 없는 권위와 능력을 가진 하나님이 우리를 위해 십자가에 매달려 가장 초라하게 죽으셨다. 예수님은 그런 하나님이었다.

사람들은 말한다. 왜 그렇게 힘들게 예수님의 가르침을 따르며 순종해야만 하냐고, 하나님이 정말 나를 사랑하신다면 내가 원하는 대로 살아도 괜찮은 거 아니냐고.

사랑한다고 해서 자녀가 원하는 대로 살도록 내버려두는 부모는 없다. 오히려 사랑하기 때문에 부모는 때로 자녀가 원하는 것을 가로막고, 하기 싫은 것을 시키기도 한다. 그게 자녀를 사랑하는 부모의 권위다.

우리가 하나님 말씀에 순종해야 하는 이유도 마찬가지다.

> 세상에서 가장 권위 있는 분이
> 죽기까지 나를 사랑하신 분이라면,
>
> 내가 이해할 수 없고 마음에 들지 않아도
> 우리는 그분의 말씀에 순종해야 한다.

하나님이
나에게 해준 게
뭔데?

사춘기 시절 나는 엄마를 향해 외쳤다.

"엄마가 나한테 해준 게 뭐가 있는데?"

그 시절의 나처럼 사람들은 인생에서 그 어떤 도움도 보이지 않을 때 하나님을 향해 외친다.

"하나님이 도대체 저에게 해준 게 뭐가 있어요?"

조금만 생각해 보면 우리는 불만 가득한 그 외침이 잔뜩 부풀려진 허풍이라는 걸 알 수 있다. 진실은 하나님이 우리를 돕지 않은 게 아니다. 우리가 기억하지 못하고 있을 뿐이다. 엄마는 종종 나는 기억조차 못 하는 어릴 때 이야기를 한다. 어린아이 시절 콸콸 쏟아지는 뜨거운 물에 내가 손을 집어넣은 이야기다. 그날을 회상하며 엄마는 말한다.

"그때 어린 너를 안고 펑펑 울면서 정신없이 병원으로 달려갔지."

만약 그때 울면서 나를 병원으로 안고 달려간 엄마가 없었다면 내 손에는 여전히 커다란 흉터가 남아 있지 않았을까? 이제는 안다. 내가 사춘기 시절 엄마에게 뱉은 그 말이 얼마나 멍청하고 잔인한 말이었는지. 그런데 이 철없고 잔인한 말을 우리는 여전히 하나님을 향해 쉽게 내뱉는다.

기억조차 못 하는 어느 날 엄마가 울면서 나를 안고 달렸던 것처럼, 우리가 기억하지 못하고 알지 못하는 수많은 날 동안 하나님은 우리를 안고 달리셨다. 하나님은 수많은 위협에서 우리를 지켜 주셨고, 때론 우리를 위해 가슴 아파하며 울고 계셨다.

하나님의 도움은 내가 원하는 대로만 이루어지지 않는다. 나에게 필요한 게 무엇인지를 누구보다 잘 아시기에 하나님은 가장 좋은 방법으로 우리를 돕고자 하신다. 2천 년 전 우리를 대신해 십자가에 달리신 그날부터 지금까지 하나님은 계속 우리를 위해 일하고 계신다.

이 사실을 안다면 비록 지금 당장 내 눈에 하나님의 도움이 보이지 않아도 우리는 소망 속에서 더 인내할 수 있다.

하나님이 나에게 해준 게 뭐가 있냐고?

너무나 많다.

하나님 영광은 그렇게
초라하지 않아

"이 상을 주신 하나님께 모든 영광을 돌립니다."

연말 시상식 때마다 한 번쯤은 들어볼 수 있는 이 말은 하나님의 영광에 대한 일반적인 생각을 보여 준다. 사람들은 흔히 어떤 분야에서 눈에 띄는 성과를 이루고, 대단한 업적을 이룰 때 비로소 하나님께 영광을 돌릴 수 있다고 생각한다. 그래서 내 삶이 보잘것없고 못나 보일 때 나 같은 건 하나님의 영광을 위해 살 수 없다는 좌절에 빠진다.

만약 하나님의 영광이 우리의 성공과 업적에 따라 결정된다면 하나님의 영광은 지극히 세상적이고 초라한 영광일 것이다. 세상을 창조한 하나님의 영광이 나의 초라함 따위에 가려지다니 이 얼마나 초라한 영광인가? 하지만 하나님의 영광은 내 모습에 따라 결정되는 초라한 영광이 결코 아니다.

겨울 한라산에 오른 적이 있다. 5시간 동안의 등정 끝에 한라산 정상에 도착해 백록담을 본 순간 난 탄성을 질렀고, 내 눈에는 눈물이 고였다. 그 탄성과 눈물은 5시간 동안 고생스럽게 등산한 나를 위한 것이 아니었다. 광활하고 아름다운 한라산의 경이로움에 압도되어 나온 것이었다. 한라산 정상에 서는 순간 오히려 그동안의 수고와 노력은 거짓말처럼 잊혀졌다.

5시간 동안의 등산으로 인해 내 몰골은 엉망이었지만 한라산의 찬란함과 아름다움은 내 몰골과는 상관없이 빛나고 있었다.

하나님께 영광을 돌린다는 것은 이와 같다.

그 어떤 자연보다 훨씬 더 경이롭고, 위대하며, 찬란한 하나님의 영광에 압도되어 감탄하고, 감동하며, 때론 눈물 흘리는 것. 하나님께 완전히 사로잡혀 하나님 외에는 그 어떤 것도 보이지 않는 것. 하나님 앞에서 그동안의 모든 수고와 노력은 다 잊혀지고 온전히 하나님만 남는 것. 이것이 하나님께 영광을 돌리는 것이다.

그 무엇과도 비교할 수 없는 하나님의 영광은 나의 실패나 좌절, 초라함 따위에 어떤 영향도 받지 않는다. 항상 그 자리에서 가장 아름답게 빛나는 하나님의 영광에 사로잡힐 때 우리는 모든 상황과 환경을 뛰어넘어 하나님께 영광을 돌리게 된다.

> 이런 하나님의 영광을 안다면
> 우리는 그 어떤 상황과 환경 속에서도
> 하나님의 영광을 위해 살아갈 수 있다.

보통의 질문들
ⓒ 조재욱, 2021

1판 1쇄	2021년 4월 5일
1판 7쇄	2024년 1월 15일

지은이	조재욱
발행인	조애신
편집	이소연
디자인	임은미
마케팅	전필영, 권희정
경영지원	전두표

발행처	도서출판 토기장이
주소	서울시 마포구 동교로 71-1 2F
출판등록	1998년 5월 29일 제1998-000070호
전화	02-3143-0400
팩스	0505-300-0646
이메일	tletter77@naver.com
인스타그램	togijangi_books_

ISBN	978-89-7782-451-5

- 이 책은 저작권 법에 따라 보호를 받는 저작물이므로 무단 전재와 무단 복제를 금합니다.
- 이 책의 전부 또는 일부를 이용하려면 반드시 저자와 도서출판 토기장이의 동의를 받아야 합니다.

도서출판 토기장이는 생명 있는 책만 만듭니다.
"우리는 진흙이요 주는 토기장이시니 우리는 다 주의 손으로 지으신 것이니이다" (이사야 64:8)